AF204050

JOHANN **MISSLIWETZ**

Anleitung zur Lebensverkürzung

VINDOBONA
VERLAG SEIT 1946

Bibliografische Information
der Deutschen Nationalbibliothek:

Die Deutsche Nationalbibliothek
verzeichnet diese Publikation in
der Deutschen Nationalbibliografie.
Detaillierte bibliografische Daten
sind im Internet über
http://www.d-nb.de abrufbar.

www.vindobonaverlag.com

© 2022 Vindobona Verlag

ISBN 978-3-949263-43-9
Lektorat: Leon Haußmann
Umschlagfotos: Evgenii Naumov,
Artinspiring | Dreamstime.com
Umschlaggestaltung, Layout & Satz:
Vindobona Verlag

Gedruckt in der Europäischen Union
auf umweltfreundlichem, chlor- und
säurefrei gebleichtem Papier.

Einleitung

Die meisten Menschen wollen lange leben und gesund sein. Warum? Es ist höchste Zeit, mit dem jahrtausende alten Ammenmärchen aufzuräumen, wonach langes Leben und gute Gesundheit erstrebenswerte Lebensziele sind. Zu lange hat man uns eingeredet und haben wir meistens geglaubt, dass die Suche nach dem langen Leben uns schließlich das Glück bescheren wird[1]. Aber schauen Sie sich doch einen Neunzigjährigen in einem Pflegeheim an, der Ihnen das Glück der Langlebigkeit suggerieren will. Sprechen Sie mit ihm. Gebückt sitzt er im Lehnstuhl und murmelt vor sich hin, bis ihm die Pflegekraft schließlich den Sabber aus dem Mundwinkel wischt. Er kann weder hundert Meter laufen, noch ist er körperlich zur Liebe fähig. Der Höhepunkt seines Tages wird der geregelte Stuhlgang sein. Diesem Typen wollen Sie glauben, dass ein langes Leben der Weg zur Glückseligkeit sei?

Die Weltliteratur hätte uns längst misstrauisch machen sollen. Goethes Werther ist ein Liebender mit einer Pistole, der nicht vorhat, hundert Jahre alt zu werden. Dito Romeo und Julia, die uns zeigen, dass Liebe mehr zählt als ein langes Leben. Hamlet hat Wichtigeres zu tun, als sich um seine Herzkranzgefäße zu kümmern oder zur Krebsvorsorgeuntersuchung zu laufen. Denn letztendlich geht es um den Mord an seinem Vater und um Dänemark. Oder James Bond? Wenn er den möglichen Risiken oder Gefahren hätte ausweichen wollen, hätte er längst den Job im Dienste ihrer Majestät an den Nagel hängen müssen.

Unserer Welt, die in einer Flut von Anweisungen zum gesunden Leben und zur Lebensverlängerung, neudeutsch Antiaging, zu ertrinken droht, darf ein Rettungsring nicht vorenthalten werden. Nicht länger darf das Verstehen dieser Prozesse die eifersüchtig gehütete Domäne der Medizin bleiben.

Machen wir uns nichts vor: was oder wo wären wir ohne Lebensverkürzung? Wir haben sie bitter nötig, im wahrsten Sine des Wortes.

Unseren warmblütigen Vettern im Tierreich geht es nicht besser: Man besehe sich nur die monströsen Wirkungen des Zoo-Lebens, das jene herrlichen Kreaturen vor Hunger, Gefahr und Krankheit (einschließlich Zahnfäule) schützt und damit zu den Entsprechungen menschlicher Neurotiker und Psychotiker macht. Jeder eingesperrte Tiger würde ein kurzes, intensives Leben in freier Wildbahn dieser tödlichen Langeweile und Sinnentleerung in Käfighaltung vorziehen.

Die Zahl derer, die sich ihre eigenen Krankheiten oder ihre Lebensverkürzungsstrategien nach bestem Wissen und Gewissen selbst zurechtzimmern, mag groß scheinen. Unendlich größer aber ist die Zahl derer, die auch auf diesem Gebiet auf Rat und Hilfe angewiesen sind. Ihnen sind die folgenden Seiten als Einführung und Leitfaden gewidmet. Als Arzt und Rechtsmediziner sehe ich mich als Fachmann und Experte, der hier mit Rat und Tat beispringen kann.

Diesem altruistischen Vorhaben kommt auch staatspolitische Bedeutung zu. Wie die Zoodirektoren im kleinen, so haben es sich die Sozialstaaten im großen Maßstab zur Aufgabe gemacht, das Leben des Staatsbürgers von der Wiege bis zur Bahre sicher und glücktriefend im Hinblick auf Gesundheit zu gestalten. Ich verweise darauf, wie vorbildlich unser Staat uns vor der Covid-19-Gefahr bewahrt und beschützt! Dies ist aber nur dadurch möglich, dass der Staatsbürger systematisch zur gesellschaftlichen Inkompetenz erzogen wird. In der gesamten westlichen Welt steigen daher die Staatsausgaben für das Gesundheits- und Sozialwesen von Jahr zu Jahr steil an. So wurden die Gesundheitsausgaben in Deutschland laut STATISTA im Jahr 1980 98,5 Milliarden Euro auf 390,6 Milliarden Euro im Jahr 2018 erhöht. Man stelle sich nun vor, wie es um uns stünde, wenn dieser Aufwärtstrend zum Stocken käme oder gar rückläufig würde. Riesige Ministerien und andere Monsterorganisationen brächen zusammen, ganze

Industriezweige gingen bankrott und Millionen von Menschen wären arbeitslos. Was sollten alle armen Ärzte, Krankenschwestern, Physiotherapeuten oder psychologischen Ratgeber machen?

Zur Vermeidung dieser Katastrophe will das vorliegende Buch einen kleinen, verantwortungsbewussten Beitrag leisten. Es bleibt nichts anderes übrig, als das Leben zu verkürzen und Krankheit ist der Königsweg dazu. Der Sozialstaat braucht die stetig zunehmende Hilflosigkeit und Krankheit seiner Bevölkerung so dringend, dass diese Versuche zur Krankheit nicht den wohlgemeinten, aber dilettantischen Versuchen des einzelnen Staatsbürgers überlassen bleiben können. Wie in allen anderen Sparten des modernen Lebens ist hier auch staatliche Lenkung vonnöten. Krank sein oder früh sterben kann jeder; sich selbst krank zu machen und sein Leben zu verkürzen aber will gelernt sein, dazu reicht etwas Erfahrung mit ein paar persönlichen Malheurs nicht aus.

Das Ziel – sozialpolitisch gesehen – ist also eine kranke Bevölkerung, um unser großartiges medizinisches System und seine tapferen Angestellten zu erhalten, dabei aber das Leben so weit zu verkürzen, dass bei Pensionsantritt im ersten oder zweiten Jahr das Ableben erfolgt. So erspart man sich die gewaltigen Ausgaben für diese nutzlosen Sozialparasiten, die mit der Bezeichnung Rentner oder Pensionisten verniedlicht werden. Das entlastet unser Staatsbudget und ist und bleibt der einzig gangbare Weg aus der Staatsverschuldung, die Jahr für Jahr zunimmt. So kann unsere Volksgemeinschaft langfristig endlich gesunden, was die pekuniäre Seite betrifft.

Ich will nicht verhehlen, dass es hoffnungsvolle Ansätze gibt. So ist der Weg, die Restaurants und Kaffeehäuser in Covid-Zeiten zu schließen, aber die Trafiken und den Zigarettenverkauf offen zu halten, ein durchaus sinnvoller Gedanke. Denn schließlich betrifft Corona die Atemwege und so auch die Zigaretten. Sinnvoll schlägt man in die gleiche Kerbe, denn es sterben auf alle Toten hochgerechnet zu fünfzig Prozent durch Covid-19 Pflegeheiminsassen, während junge und widerstandsfähige Raucher überleben und so für das allgemeine Wohl weiter Steuererträge einbringen. Auch die hoffentlich bald erfolgende Freigabe von Cannabis könnte unseren Zielen helfen. Aber alles in allem ist das viel zu wenig.

So weit mir bekannt ist, haben sich nur wenige meiner Kollegen an dieses heiße Eisen der Lebensverkürzung gewagt. Mir fallen spontan nur wenige ein. Einer, der Arzt *Claude Guillon*, mit seinem rühmlichen 1982 erschienenen Ratgeber *Gebrauchsanleitung zum Selbstmord: eine Streitschrift für das Recht auf einen frei bestimmten Tod*. Nicht vergessen werden sollte auch, dass zu dieser Thematik wunderbare Vorarbeit vom Philosophen *Jean Améry* mit dem Buch *Hand an sich legen – Diskurs über den Freitod* geleistet wurde. Derselbe – Améry – zeigte auch in seinem Buch *Über das Altern*, dass das ein Zustand ist, auf den man sich besser nicht einlassen sollte. Und last but not least ist der wunderbare Essay des Schriftstellers zu erwähnen, dem wir auch die Tante Jolesch verdanken. *Friedrich Torberg: Auch Nichtraucher müssen sterben.*

Was das vorliegende Buch zusätzlich zu diesen ausgezeichneten Studien bieten möchte, ist eine methodische, grundlegende und auf Jahrzehnten klinischer Erfahrung beruhende Einführung in die brauchbarsten und verlässlichsten Mechanismen der Lebensverkürzung und Untergrabung der schädlichen Gesundheit. Trotzdem aber dürfen meine Ausführungen nicht als erschöpfende und vollständige Aufzählung betrachtet werden, sondern nur als Leitfaden oder Wegweiser, der es den Begabten meiner Lesern ermöglichen wird, ihren eigenen Stil zu entwickeln.

FORTSETZUNG FOLGT

Vor allem eins: Sei authentisch (Sei du selbst) …

Dieses goldene Wort stammt von *Carl Rogers*, dem Begründer der *personenzentrierten bzw. klientenzentrierten Gesprächspsychotherapie.* Für unser Anliegen ist es wertvoll, da es zu einem Leitfaden und einer Richtschnur unseres Verhaltens wird, zu einer Grundhaltung, wie wir Lebensverkürzung praktisch umsetzen und verwirklichen können. Man könnte vielleicht einwenden, dass damit der Lebensverkürzung zu viel getan wäre, aber das Prinzip wird dadurch nicht geschmälert.

Aber wie ist oder wird man authentisch? – das bleibt die Gretchenfrage.

Wir alle sind von tausend Beeinflussungen hin- und hergerissen, durch Umwelt, Werbung und Politik „hirngewaschen", zahllosen Hemmungen unterworfen. Wenn wir hingegen all das weglassen, nicht beachten, wird es ganz einfach: Authentisch sein ist eine Ansammlung von Entscheidungen, die wir täglich treffen. Es geht um die Wahl, sich zu zeigen und ehrlich zu sein. Wenn du deinem ersten Impuls, deinem spontanen Einfall folgst, die Zeit zwischen dem, was dir in den Sinn kommt, und dem Handeln auf Millisekunden verkürzt, dann liegst du immer goldrichtig! Nicht lang nachdenken und überlegen, sondern sofort handeln, wie es dir unmittelbar in den Sinn kommt.

All diese Fremdbeeinflussung, diese anerzogenen Gedanken, brauchen erst Zeit, um zu wirken. Diese Zeit nimmst du ihnen.

Das mag zwar nicht der Weg der Philosophen und aller Pseudointellektuellen sein, aber entspricht dem gesunden Volksempfinden und dem Instinkt für das sich in der Tiefe vollziehende Geschehen. Grundsätzlich handelt es sich um die eigene Überzeugung, dass es nur eine richtige Auffassung gibt: die eigene. Das ist auch die richtige Überzeugung! Denn wer sollte am besten wissen, was für dich gut und richtig ist? Der Pfarrer, der Bundeskanzler, die selbst ernannten Experten oder du, der schließlich dein ganzes Leben mit dir selbst verbracht hat? Na eben. Als Kapitän deines Lebensschiffes, das die Ratten bereits verlassen haben, steuerst du unbeirrt in die stürmische Nacht hinein. Großartig. Eigentlich schade, dass in deinem Repertoire ein goldenes Wort der alten Römer fehlt: *Ducunt fata volentem, nolentem trahunt* – den Willigen führt das Schicksal, den Unwilligen zerrt es dahin. Hier allerdings scheiden sich Könner von den Dilettanten. Letztere bringen es fertig, gelegentlich die Achseln zu zucken und sich zu arrangieren, statt ihrem Chef mutig zu sagen, dass er das letzte Arschloch ist, oder, statt ein Glas zu trinken, wenn ihnen danach ist, länger zu überlegen, wie sie Stunden später nach Hause fahren, mit dem eigenen Auto oder öffentlichen Verkehrsmitteln. Um das letzte Beispiel aufzugreifen, dahinter steht – wieder einmal – nur Angst, die Angst, sich falsch zu entscheiden. Aber das ist ein Verrat an sich selbst und ein fundamentaler Glaubensmangel: Denn Sie werden sich richtig entscheiden. Warum auch nicht? Sie sind doch kein Trottel. Selbstvertrauen ist gefragt.

Denn mit dieser Grundhaltung, dass das, was du tust, das Richtige ist, magst du nicht immer richtig liegen, sagen wir aber in neunundneunzig Prozent der Fälle. Das sind die Tatsachen. Außerdem gelingt dir ein zweites Wunder, wenn du dich darum sorgst. Du bist wahrhaft tolerant geworden, mehr als diese Gutmenschen, die Bäume pflanzen, Gemüse fressen, Müll trennen oder lauthals die Gleichheit von Mann, Frau und allen Rassen dieser Erde anpreisen. Das ist oberflächlich und nur Lack. Denn in der Tiefe bist du der wahre Tolerante, du wertest und bewertest nicht mehr.

Du bist großartig, denn du anerkennst, was ist. Du hast dich eben so entschieden und so gehandelt ... und das war gut so. Hättest du dich anders entschieden und anders gehandelt, dann wäre auch das gut gewesen. Warum auch nicht? Gut, weil es authentisch war und zu dir passt. Ob du eine Zigarette rauchst oder keine, ob du ein Viertel Wein trinkst, Coca-Cola oder ein Glas Milch, wo zur Hölle soll denn da der Unterschied liegen? Das ist doch alles gleichwertig, mit anderen Worten: Es macht keinerlei Unterschied. Wirklich keinen Unterschied. Oder ziehst du den Tag der Nacht vor und beklagst dich lauthals: Ich will keine Nächte mehr, die Dunkelheit und Stille passen mir nicht!? Wäre dumm.

Wer sich selbst und seinen goldenen Worten treu bleibt, ist zu keinem faulen Kompromiss mehr bereit. Vor die Wahl zwischen Sein und Sollen gestellt, von deren Bedeutung bereits die *Upanischaden* spreche, entscheidest du dich unbedingt dafür, wie die Welt ist, und verwirfst, wie sie sein soll. Damit entgehst du einer der häufigsten Fallen der Logik und der Philosophie, dem so genannten naturalistischen Fehlschluss. Denn du bist Realist, du weißt, die Welt ist, wie sie ist, nicht wie andere oder du sie gerne hätten. Wie es sein sollte sind nur Hirngespinste nächtlich onanierender Theologen, weltfremder Juristen oder Nägel beißender Philosophen, nichts für tüchtige Menschen wie du oder ich, die mit beiden Füßen im Leben stehen und die wirkliche Welt kennen.

Damit sind wir wieder zurück bei *Carl Rogers* und seinem zweiten Prinzip angelangt:

Nicht wertendem Verstehen

Vielleicht verstehst du jetzt, wie sehr Psychotherapie Menschen helfen kann, ihren eigenen Weg zu finden und kompromisslos zu verfolgen. Aber Psychotherapie brauchst du nicht, denn du bist normal und kein neurotisch Gestörter oder ein Weichei. Allerdings jetzt folgt eine Einschränkung zur Haltung: Was immer ich mache, ist völlig gleich und gut …

Meinen minder begabten Lesern kann ich diesen Zustand freilich nur als sublimes, aber für sie unerreichbares Ideal hinstellen.

FORTSETZUNG FOLGT

Eine grundsätzliche Klärung – © Johann Missliwetz

Eine grundsätzliche Klärung ist nötig, wenn du jetzt endlich dein Leben in deine eigenen Hände nimmst und authentisch lebst. Wir sind – wie du sicher schon bemerkt hast – keine Freunde sinnloser Planungen oder Überlegungen. Zu viel Denken macht Kopfweh.

Denn erstens kommt es anders, und zweitens als du denkst – wie *Wilhelm Busch*, bemerkte. Aber einen groben Raster, einen ungefähren Rahmen, müssen wir überlegen, wenn man nicht das Zepter völlig aus der Hand geben will.

Diese zwei Grundfragen der Lebensverkürzung, denen wir nachgehen wollen, betreffen das Wann und das Wie. Das Schöne an beiden ist, dass du dir das innerhalb vernünftiger Grenzen und Variationsbreite alles selbst aussuchen kannst.

Wichtiger als das „Wann" ist selbstverständlich das „Wie"

Dies vor allem, wenn es dir um Präzision geht: Sei es ein bestimmtes Lebensjahr oder um ein für dich **bedeutsames Todesdatum**. Zum Beispiel: An **deinem Geburtstag**.

Wenn es dir auf das genaue Wann ankommt, dann bleibt nur als einzige Option der gewaltsame Tod, nämlich der **Suizid**. Wenn du jetzt zurückschreckst, so ist das eine verständliche und auch verzeihliche Reaktion. Kein Wunder, der gewaltsame Tod hat eine schlechte Propaganda und deshalb einen schlechten Ruf in der Allgemeinbevölkerung. Dem ist aber nicht so. Die Diffamierung beruht zu neunzig Prozent auf seiner falschen und irreführenden Namensgebung.

Pass auf: Hast du schon jemals einen Tiger gesehen, der an Altersschwäche starb? Nein, sicher nicht. Wenn der Tiger zu alt zum Jagen wird, dann fängt er nichts mehr und verhungert. Oder die Gazelle? Wenn sie alt wird und nicht mehr schnell genug läuft, fängt sie der Löwe und frisst sie auf. So ist die Natur, die natürliche Ordnung der Dinge. Sogar in unseren widernatürlichen zoologischen Gärten verfährt man so. Altersschwache Tiere werden eingeschläfert, nur erzählt man das nicht. Der kleine Franzi, der den lieben Affen im Zoo zuschaut, soll es nicht wissen. Sonst würde er weinen. Aber wir sind keine Kinder, frei von Gefühlsduselei. Erinnere dich: Nicht werten, sondern verstehen. Das Endresultat bleibt dasselbe.

Bleiben wir bei der Natur. Hier gilt: Fressen und Gefressen-Werden. Nur als Randbemerkung: Daher leben Vegetarier und noch mehr die Veganer gegen die Natur! Komplett unnatürlich, damit ist alles zu diesem Thema gesagt.

Merke:
In der Natur ist der gewaltsame Tod der natürliche Tod! Was wir den natürlichen Tod nennen, der Tod durch Krankheit, ist unnatürlich.

Er widerspricht völlig dem Gesetz der natürlichen Auslese und Darwins Prinzipien.

Um unseren Gedanken zu Ende zu führen … wenn einer noch diese Woche sterben will, dann muss er Suizid begehen. Das ist die einzige Möglichkeit, selbstbestimmt den Todestag zu wählen. Ansonsten bleibt nur die unnatürliche Variante eines Todes durch Krankheit.

Krankheit ist der andere **Schlüssel zur Lebensverkürzung.**
Krankheiten sind den Menschen in aller Regel sympathischer als der Suizid. Das ist ein Fakt. Wenn wir Krankheit wählen, dann hätten wir so wie beim gewaltsamen Tod das Erhängen, Erschießen, Heroininjektion, Alkoholvergiftung etc. ebenfalls die Auswahl und weitgehend freie Gestaltungsmöglichkeit, aber den exakten Zeitraum der Lebensverkürzung und des Todeszeitpunktes können wir nicht mehr bestimmen. Das mag objektiv ein Nachteil sein, aber tatsächlich sehen das die meisten Menschen

als Vorteil an. Klar, zu wissen, dass ich nächsten Dienstag sterbe, bedeutet Stress, Angst und belastet psychisch, wie man sich leicht vorstellen kann. Hingegen die Einsicht, dass ich in den folgenden fünf oder sechs Jahren plötzlich sterben werde, mit fünfzigprozentiger Wahrscheinlichkeit sogar von mir unbemerkt, während ich schlafe. Das lockt doch keinen Hund hinter dem Ofen hervor. Lässt die meisten kalt. Was macht das schon? Fünf Jahre sind eine lange Zeit …

Der Zeitpunkt ist zwar nicht ungewiss, aber unbestimmt. Was heißt das? Wenn einer sich einigermaßen auskennt – und dieses Wissen wird dir dieses kleine Büchlein vermitteln –, dann kannst du das Jahrzehnt deines Ablebens gut bestimmen. Du wählst einfach aus, ob du in deinen Dreißigern, Vierzigern, Sechzigern etc. ableben willst. Danach richtet sich dann, welche Krankheit du dir dafür aussuchen musst und wie du vorzugehen hast.

Wer wie ich Medizin studierte, lernt, dass es tausende Krankheiten gibt. Keine Sorge, damit musst du dich nicht befassen. Wir werden uns der Standardwahl des Normalbürgers zuwenden, den beliebtesten drei Krankheiten. Die daher auch die häufigsten sind. Und dann werden wir die Wahl noch weiter einschränken, auf drei genau. Unter diesen dreien findest du sicher auch die für dich passende, die dir zusagt und die du magst.

Im Vorgriff stelle ich sie vor: **Atherosklerose und Herzinfarkt** – ein Standard und eine gute Wahl. **Diabetes mellitus Typ Zwei**, im Volksmund „**Zuckerkrankheit**" oder kurz „Zucker" genannt, eine „süße Wahl", mit der du alle anderen Krankheiten unterstützen kannst, die du dir aber auch optional als selbstständige Todesursache wählen kannst. Alzheimer, eine etwas ausgefallenere Wahl, wäre nur sinnvoll, wenn du spät verbleichen willst; also nichts für die die Zwanzig- bis Fünfzigjährigen. Da Alzheimer bei vielen erst mit achtzig beginnt und dich nach erst sechs Jahren tötet, scheidet diese Erkrankung zur Lebensverkürzung aus. Schade! Sie ist eine meiner Lieblingskrankheiten. Zuletzt also die dritte Möglichkeit, der Dauerbrenner, der noch nicht, aber bald, unsere europäische Hitliste anführen wird. Errätst du es? Klar, es ist der liebe, kleine **Krebs**.

Nur dabei bleibt es nicht. Wie schon angekündigt, wird es für jedes Dezennium, also für jeweils zehn Lebensjahre die passende Todesursache geben.

Wann dürfen wir von Lebensverkürzung sprechen? Meiner Meinung nach nur, wenn du ein unterdurchschnittliches Alter erreichst. Was ist das **Durchschnittsalter zum Tode**?

In Österreich bei den **Männern 79 Jahre** und bei **Frauen 83 Jahre**.

Lebensverkürzung als Ziel definiert muss also darunter liegen. Etwas willkürlich nehme ich als Lebensverkürzung für den **Mann** somit einen **Tod spätestens vor dem 69.** und bei einer **Frau vor dem 73. Geburtstag** an. Das wird mir zweifellos den Tadel mancher Leser einbringen, weil der Endpunkt so spät und bescheiden angesetzt wurde. Aber dem Autor ging es darum, dass auch weniger Begabte oder Menschen, die erst in reiferem Alter mit der Lebensverkürzung ernst machen, das Klassenziel doch irgendwie erreichen.

Leider gibt es noch mehr zu lernen. Um diese Krankheiten besser zu verursachen und dein Todesdatum wirkungsvoll zu steuern, brauchst du auch „**Helfer**".

Unsere vier kleinen Helfer sind das **Rauchen**, der **Alkohol**, die **übliche Ernährung („SAD")** und der **Bewegungsmangel**.

Freut euch, liebe Leser, diese vier sind wirklich angenehm und machen Spaß. Denn was ist das Schönste am Sex? Klar – die Drinks davor und die Zigaretten danach. Was gibt es Besseres und Schmackhafteres als Fast Food von McDonalds, Burger King oder Kentucky Fried Chicken? Was schmeckt leckerer als ein saftiges, blutiges Steak, das über den Tellerrand ragt? Und nachdem du das genossen hast, in der von dir selbst gewählten Reihenfolge, folgt das große Ausruhen. Ab in den Lehnsessel und vor den Computer. Nur nicht bewegen. No Sports! Ein paar Tüten Chips, ein kleiner Rausch mit Bier, ein voller Aschenbecher, ein Länderspiel im Fernsehen … ist das nicht Sport genug oder ein gelungener Samstagabend? Kann es ein besseres oder schöneres Leben geben?

Lebensverkürzung bringt Genuss, Spaß und Freude.

Das ist somit der weitere Fahrplan … aber im nächsten Kapitel wird es um eine andere wichtige Frage gehen:

Wie finde ich jene Krankheit, die am besten zu mir passt, und die ich lieben werde?

FORTSETZUNG FOLGT

„Meine Krankheit" ist nicht deine Krankheit oder irgendeine Krankheit (die „geliebte Krankheit," Teil 1)

Im Medizinstudium werden den jungen zukünftigen Ärzten einige unrichtige Konzepte beigebracht. Es dauert Jahre, bis sie sich davon befreien und ein klares, realistisches Bild entwickeln. Ich will Ihnen oder dir – welche Anrede ziehst du/Sie vor? – zwei dieser Mythen vorstellen, die Ärzte und noch mehr medizinische Laien in die Irre führen können. Beide hängen zusammen.

Die erste Täuschung – man könnte sie auch Mystifikation nennen – entspricht dem politischen Grundsatz: **Alle Menschen sind gleich**.

Was allgemein geglaubt wird, obwohl sich offensichtlich jeder von der Unrichtigkeit dieser Annahme überzeugen kann. Es gibt kluge und dumme Menschen, die Armen und die Reichen, Weiße, Schwarze, Gelbe, Dicke und Dünne, Männer, Frauen und jene, deren Geschlecht nicht eindeutig ist, et cetera, et cetera …

Mythos Nummer 1: Alle Krankheiten sind gleich –

das ist selbstverständlich falsch. Aber auf subtile Weise wird das dem zukünftigen Arzt so vermittelt, in etwa so: Es ist egal welche Krankheit der Patient hat oder wer der Patient ist, der Arzt hat sie (Patient und Krankheit) zu diagnostizieren und zu behandeln und jeden Patienten und jede Krankheit völlig gleich zu behandeln. Das sind das ungeschriebene Gesetz der Medizin und ihr unausgesprochenes Credo.

Der Arzt hat zum Wohle aller Patienten zu wirken und sie und alle Krankheiten gleich zu behandeln

Das klingt schön, ist sogar schön (ethisch gesehen), hat aber mit der wirklichen Welt keine Beziehung. Offensichtlich ist doch, nicht nur in Österreich, dass ein Obdachloser nicht derselbe Patient ist wie der Bundeskanzler oder unser lieber Bundespräsident. Auch von den Auswirkungen her gesehen, denn offensichtlich ist auch, dass man als Arzt des Obdachlosen leicht Flöhe bekommen kann, während der Hausarzt des Letztgenannten, unseres Präsidenten, eher zum Gesundheitsminister befördert wird (wie geschehen). Oder ein anderes Beispiel aus der realen Welt: In den USA erhalten Sie als Reicher die fortschrittlichste und beste Therapie, als Armer sieht das anders aus. Wenn Sie der unteren Mittelschicht entstammen, müssen sie wegen der Bezahlung der Arztrechnungen für sich oder Ihre Angehörigen bei längerem Krankenhausaufenthalt Ihr Eigenheim verkaufen. Krankheiten sind ebenfalls nicht gleich. Was kümmert es einen Arzt schon, wenn ein Patient Kopfweh hat, weil er zuvor mit seiner Frau stritt; oder Durchfall wegen eines Diätfehlers? Das Kopfweh wird erst interessant für ihn, wenn ein Hirntumor dahinter steckt … kurz, Ärzte interessieren nur schwere oder lebensbedrohliche Erkrankungen, oder eben jene, bei denen eine Therapie möglich ist, die viel und leichtes Geld einbringt.

Für Patienten sind ihre Krankheiten (auch) nicht gleich – ihre Krankheit (zum Tode) lieben oder umarmen sie. Irgendeine Krankheit ist ihnen egal und weiters gilt: **„Meine Krankheit ist besser als deine Krankheit!"**

Das mag paradox für Sie klingen, ist es aber nicht. Wie in den meisten Fällen muss man bei den Menschen ihr Verhalten von dem abtrennen, was sie sagen und daherreden, weil der Tag lang ist. So wie bei den Politikern und ihren Sprüchen. Ihr Verhalten lügt nicht.

Womit wir zum anderen Mythos kommen.

Mythos Nummer 2: Patienten sind Menschen, die alles tun werden, ihre Krankheit(en) loszuwerden, und gerne zukünftige Krankheiten durch ihren Lebensstil verhindern (Prävention)

Das glaubt wirklich nur ein junger Medizinstudent. Ich erinnere mich an mein erstes Aha-Erlebnis, das meinen Glauben ins Wanken brachte. Ein guter Bekannter war soeben wegen eines Dickdarmkrebses operiert worden. Er fragte mich um medizinischen Rat.

„Was könnte ich tun, damit dieser Krebs nicht wieder zurückkehrt?"

Nach kurzer Recherche antwortete ich:

„Nimm täglich je eine Kapsel dieser beiden Nahrungsergänzungsmittel ein, die ich dir mitgebracht habe. Das eine ist ein Multivitaminpräparat, das andere Curcuma. Iss jeden Tag Gemüse, aber Fleisch höchstens zweimal in der Woche, denn darauf ganz zu verzichten, willst du sicher nicht."

Erraten Sie seine Antwort?

„Nein danke, das ist mir zu aufwändig."

Was steckt dahinter? Krebs war eben „seine Krankheit", die Krankheit, die er umarmt hatte bzw. „liebte". Schließlich hatte er wie in jeder guten Beziehung jahrelang darauf hingearbeitet und in sie investiert. Krebs war und ist für ihn interessant – das zeigt sich darin, dass „sein Krebs" sein bevorzugtes Gesprächsthema ist. Bringt der Gesprächspartner seine Krankheit, „seinen Herzinfarkt", ins Spiel, winkt er nur ab. Denn das ist „deine Krankheit", nicht die seine.

„Das ist gar nichts im Vergleich", sagt er, „Wenn du wie ich erst Krebs gehabt hast, dann hast du etwas erlebt …". Er ist stolz auf seine Krankheit, sie ist „besser" als die Krankheit der anderen. Objektiv hat sie ihm auch Gutes gebracht. Seine Frau schont ihn und nörgelt weniger. Zur Hausarbeit wird er kaum herangezogen, „seit der Chemo ist er immer so müde". Den langweiligen Job konnte er bleiben lassen, Krankenstand. Wobei er überlegt, vorzeitig in den Ruhestand zu gehen. Ob die

Gutachter der Sozialversicherung mitspielen werden? Wenn ich das so erzähle, klingt diese Geschichte hart und zynisch. Diesen Beigeschmack verliert sie, wenn wir den medizinischen Fachbegriff einsetzen – *sekundärer Krankheitsgewinn*.

Gibt es für den Umstand, dass Patienten sich nicht behandeln lassen oder Behandlungen hintertreiben, auch einen beschönigenden Terminus technici? Na klar, gibt es.

Non Compliance

Sie glauben, dass es das nicht in dieser Form gibt. Verzeihung, dann muss ich leider die Fachliteratur zitieren. Ich verspreche Ihnen, es kommt in dieser Ausführlichkeit kein zweites Mal in meinem Text vor.

Über Bluthochdruck (Hypertonie)

Beispiel Bluthochdruck:
Ab dem Alter von 45 leiden 22 %[2] der Männer an Bluthochdruck.

Medizinisch wird angenommen, dass es sich bei Hypertonie um jene Erkrankung handelt, bei der die meisten Lebensjahre in der Bevölkerung verloren gehen.

Dabei wäre es ganz leicht: Jeden Morgen die Blutdrucktablette schlucken, das war's.

Warum geschieht das nicht?

Nach Schätzungen wird nur **jeder vierte Hypertoniker (25 %) ausreichend behandelt**.

Was ist mit den übrigen drei Erkrankten? Nun, sie wissen entweder gar nicht über ihre Erkrankung Bescheid[3], oder sie haben ihre Medikamente abgesetzt[4], oder ihr Blutdruck ist trotz ärztlicher Therapie nicht befriedigend eingestellt. Lange Zeit bestehender Bluthochdruck führt aber zur Gefäßschädigung der

Arterien (Schrittmacher der Arteriosklerose), ist der wichtigste Risikofaktor eines Schlaganfalles und führt zur Herzvergrößerung (Linksherzhypertrophie). Es ist also gewissermaßen „verrückt", einen bestehenden Bluthochdruck unbehandelt zu lassen und der Betroffene sitzt auf einer Zeitbombe. Noch dazu, weil zu berücksichtigen ist, dass die Behandlung subjektiv sehr leicht ist, man muss nur (meistens morgens) seine Tabletten schlucken.

Wie viele Lebensjahre gehen „verloren"?

Bluthochdruck (arterielle Hypertonie) kostet unbestritten **Lebenszeit**. Wesentlich ist natürlich dabei die Höhe des Blutdruckes. Diese Zeit beträgt bei **Blutdruck von 140/95 mm Hg** (Normalwert 120/80 mm Hg) **9 Lebensjahre**, bei einem **Blutdruck von 150/100 mm Hg** bereits **16 Lebensjahre**. Diese Zahlen zeigen Trends an, wobei eines sehr deutlich wird:

Die gewissenhafte Behandlung (= Therapie) von Erkrankungen bringt gelegentlich mehr an Lebenserwartung als einzelne Maßnahmen „gesunder Lebensführung".

Damit der Leser nicht verunsichert wird:

Wenn Sie heute bei sich einen Blutdruck von 150/100 messen, sollten Sie immer wieder kontrollieren, können aber beruhigt schlafen. Der Verlust an Lebenszeiten tritt erst auf, wenn der Blutdruck über viele Jahre bis Jahrzehnte durchgehend zu hoch ist.

RR Normalwert 120/80 mm Hg

Er darf (das ist noch im Normbereich, bedeutet also „gesund") maximal 140/90 mm Hg betragen.

Liegt einer der beiden Werte darüber, bedeutet dies die Krankheit des Bluthochdrucks (Hypertonie).

„Meine Krankheit" und ich – eine Liebesbeziehung (die „geliebte Krankheit," Teil 2)

Sie meinen, ich übertreibe?

Statt zu argumentieren, erzähle ich eine Geschichte. Es ist an der Zeit, uns der barocken Hölle menschlicher Beziehungen zuzuwenden.

Meine, nein, unsere Geschichte, handelt von einem jungen Mann, Ernest nennen wir ihn. Er ist ein Teenager und genießt sein Leben in vollen Zügen, zusammen mit seinen Freunden. Diese sind die „vier Helfer", wir haben sie schon kennen gelernt, auch ihre Namen. Sie bilden zusammen eine Clique und lassen es, wie man sich pubertär auszudrücken pflegt, „so richtig krachen", Party, Feiern, das volle Programm. Eines Tages bringt der Freund „Rauchen" ein junges Mädchen mit, zwar keine Hollywoodschöne, aber ansehnlich, hübsches Gesicht, gute Figur. Ihr Name ist Maria. Maria Krebs. Ernest mag sie, mehr aber nicht. Noch nicht!

So geht es lange Zeit, Jahre. Maria kommt nach und nach immer öfter, wird zum Bestandteil der Clique. Sie hat sich auch mit SAD angefreundet (zur Namenserinnerung: der Helfer „Ernährung"), auch mit allen anderen. Ernest kennt Maria jetzt besser, beide haben viel gemeinsam. Das merkten sie, als sie sich über ihre Kindheit erzählten. Angst vor dem Turnunterricht, dem Zahnarzt oder der Dunkelheit, keine Lust, Pfadfinder zu werden. Auch Stress mit den Eltern, die ihnen – erfolglos – das Rauchen verbieten wollten.

Eines Abends, Jahre später, sitzen sie nachts im Freien im Dunkeln, nur sie beide, und betrachten die Sterne.

„Wollen wir eine rauchen?", fragt Ernest.

„Klar. Eine haben wir immer noch geraucht", antwortet Maria, greift in ihre Jeanstasche, zieht aus einer Zigarettenpackung zwei Zigaretten und ein Feuerzeug hervor, zündet ihre Zigarette an. Danach die von Ernest und als sie sich zu ihm beugt, um ihm Feuer zu geben, hält er unterstützend ihre Hand. Da durchzuckt es ihn plötzlich, wie einen elektrischen Schlag.

Soeben hat er bemerkt, dass er sie liebt. Just in diesem Augenblick!

Er kann nur noch ihren Namen denken,
Maria, nichts sonst, Maria, Maria, Maria …
Plötzlich ertönt Musik im Hintergrund und er hört den Song
von *Jim Bryant* aus *Westside Story: Maria*
Maria …
The most beautiful sound I ever heard:
Maria, Maria, Maria, Maria …
All the beautiful sounds of the world in a single word …
Maria, Maria, Maria, Maria …

Er beugt sich zu ihr, küsst sie. Sie küsst ihn auch, ihre Küsse verschmelzen …
    Das ist der Moment, in dem Ernest und Maria Krebs ein Paar wurden, sie werden es bis zum Schluss sein, bis dass der Tod sie scheidet …

Zu schwülstig? Zu romantisch? Ich kann ihnen die Geschichte auch anders erzählen, Zum Beispiel so wie ein Psychoanalytiker:
    Es war klar, dass Ernest sich zu Maria hingezogen fühlen würde, denn ihre Neurosen passten zusammen wie ein Schlüssel in das Schlüsselloch. Das nennt man im Fachbegriff *Kollusion*. So entwickelte sich eine für beide schädliche und selbstzerstörerische Beziehung. Der Schlüssel hierzu liegt bei Ernest natürlich in seiner Kindheit. Seine Charakterdefekte wie Masochismus, eine neurotische Bindung an eine kastrierende Mutter, schließlich seine Faszination für das Minderwertige, Morbide … Ernest leidet unter einer psychischen Erkrankung, er hat eine passiv-aggressive dependente Persönlichkeitsstörung …

Ich weiß nicht, wie es Ihnen geht, liebe Leserin. Befriedigen sie diese Erklärungen? Mich nicht. Für mich sind das eher schäbige Gründe, Vorwände, die Ernest und sein geliebtes Wesen, Maria, beleidigen.

Probieren wir es anders, jetzt in mehr objektiver und naturwissenschaftlicher Sprache. Dazu sind wir uns aber auch klar, dass diese Liebesgeschichte eine Art Metapher darstellte. Sie erzählt, wie Ernest zu rauchen begann, Jahre später Krebs („Maria") bekam und schließlich beide verstarben. Ja, Sie hören richtig. Denn das Ende von Ernest durch Krebs war zugleich das Ende von Maria, „seinem Krebs", der sich in ihm, nämlich seinem Körper befand. Sie war ein Teil von ihm – oder er ein Teil von ihr (ganz, wie man es sehen will). Im Grab lagen sie beide zusammen und verfaulten gemeinsam.

So erscheint der Vergleich mit einer Liebesgeschichte nicht mehr absurd, denn beide waren zusammen, lange Zeit, und arbeiteten Hand in Hand, lange Zeit. Um schließlich sogar im Tod vereint zu sein, so wie Romeo und Julia.

Jetzt läuft unsere Erzählung so:

Version a): Ernest und Maria haben einen gemeinsamen Freund und Laster: „Rauchen". Jahrelang rauchen sie, aber nichts passiert. Allerdings ist Ernest genetisch für Krebs anfällig. Was nichts ausgemacht hätte. Es braucht tausende Zigaretten, bis Ernest einen kleinen Krebs (= verliebt sich in Maria) entwickelt. Und dann braucht es weitere viele tausend Zigaretten und etliche Jahre bis zur Krebsdiagnose. Danach geht es aber schnell, Ernest stirbt binnen Jahresfrist (in unserer Erzählung sterben beide).

Die Version a) war Ihnen zu unwissenschaftlich, nicht medizinisch? Dann biete ich Ihnen diese Version an:

b) Krebs: Fakt ist, dass Krebs jahrelang zwar schon bestanden hat, aber klinisch stumm verlief Es beginnt mit einer einzigen Zelle (Klon), die zur Krebszelle wird (= Initiation). Diese Zelle teilt sich dann – dauert lange, dann sind es erst einige Zellen, die auf eine Schicht/Ort beschränkt ist (Beispiel Carcinoma in situ des Gebärmutterhalses, sprich Cervixkarzinom). Beim Krebsabstrich des Gynäkologen erkennt man sie, aber es passiert Jahre nichts, es kann noch wegoperiert werden, das wäre die Heilung. Wenn nicht, dann dringt das Krebsgewebe in die Umgebung und andere Schichten des Organs ein = Invasion. Noch immer ist der Krebs nicht erkannt, da unsichtbar, wenn er nicht so günstig liegt wie an Orten wie Gebärmutterhals oder Haut. Irgendwann kann er metastasieren (= Metastasierung), das ist der point of no return, wenn in der Regel Heilung unmöglich wird. Erkannt und diagnostiziert wird Krebs erst bei Verdacht (Symptom); erkennbar durch Bildgebung wird er erst, wenn er mindestens 5 Millimeter bis 1 Zentimeter groß ist.

ZITAT: „Klinische Erfahrungen zeigen aber, dass Jahre bis Jahrzehnte von der Transformation bis zur klinischen Manifestation eines Tumors vergehen."[5]
Jährlich erkranken in Österreich etwa 35.000 Personen (Inzidenz) an Krebs.

Ehrlich gesagt, diese Version naturwissenschaftlich b) ist mir zu abstrakt, unpersönlich und erklärt auch nicht die Bindung und Beziehung, die zwischen Maria und Ernest besteht. Kann man Liebe überhaupt erklären? Geliebt zu werden, ist auf jeden Fall mysteriös. Nachfragen, um sich Klarheit zu verschaffen, empfiehlt sich nicht.

FORTSETZUNG FOLGT

Alles Blödsinn! - Was sagst du zu Corona/Covid-19? Covid-19 und die NWO

Ja, meine Lieben, jetzt habt ihr mich eiskalt erwischt.

Die These, dass Staatsbürger = „man" „seine Krankheit" liebevoll umfasst, umarmt, hegt und pflegt und Therapien hintertreibt, ist mit diesem Beispiel gnadenlos widerlegt.

Wir stehen vor einem weltweiten Notstand, wiederkehrenden Lockdowns und nationalem Schulterschluss. Alle bekämpfen gemeinsam die Seuche, mit Ausnahme einiger verblödeter Neonazis, die in der Presse folgerichtig Leugner und Cov-Idioten genannt werden. Wie Lemminge läuft „man" zu den Impfstrassen und etliche drängeln sich vor. Das normale Leben steht still, willig verzichten wir auf Versammlungsfreiheit, Reisefreiheit, Freiheit zu demonstrieren, die Freiheit, andere zu treffen, wann, wie und wo wir wollen, sogar auf Meinungsfreiheit. Der logische letzte Schritt wird und muss der Impfzwang sein. Das passt nicht zur These des Autors, dass die Menschen die Lebensverkürzung begrüßen!

Es ist nun an der Zeit, diesen Text persönlicher zu gestalten und intime Geheimnisse des Autors zu enthüllen. Wie nur seine engsten Freunde und jeweilige Ehefrauen wissen, hat er sein halbes Leben damit verbracht, das *geheime Wissen* zu erreichen, um Macht zu erlangen. Diese Macht hätte ihm gestattet, angesehen und berühmt zu werden, unermesslich reich (Milliardär) und jede Frau zu besitzen, mit der er hätte schlafen wollen. Allgemein bekannt ist, dass er mit diesem Unterfangen kläglich gescheitert ist – er wurde nicht berühmt, sondern berüchtigt. Statt dass sich Verlage um seine Texte reißen, wie um die faden und belanglosen Memoiren Prominenter, muss er wie der letzte Hausierer Klinken bei Buchverlagen putzen – und das in aller Regel vergeblich. Sein Leben fristet er in einem Randbezirk Wiens mit einer kleinen Beamtenrente. Was schließlich seine Erfolge bei Frauen betrifft, so wurde er zum Meister der Selbstbefriedigung (im Volksmund Onanie benannt), was wohl alles über diesen Themenbereich aussagt.

In einem Punkt war sein kühnes Unternehmen allerdings kein Misserfolg. Er schaffte es, Mitglied geheimer Organisationen zu werden, wie jene der Freimaurer, Rotarier, Sonnentempler, A.M.O.R.C., Opus Dei, der Weisen von Zion, Rosenkreuzer, von The Process and The Children, der Bilderberger, dem Golden Dawn – diese Auflistung ist inkomplett. Dort erfuhr er historische Geheimnisse, zum Beispiel, dass die Mondlandung nie stattfand (Filmaufnahmen in Hollywood); dass niemals Flugzeuge in die Twin Towers flogen (Sprengung beider Türme durch die CIA); dass der Vatikan das AIDS-Virus züchtete, um die Moral wiederherzustellen (und es nicht von Affen auf Menschen übersprang); schließlich, dass Adolf Hitler immer nur den Frieden wollte (also, dass Polen Deutschland angriff und dieses Land gegen seinen Willen in einen schrecklichen Krieg verwickelte). Durch meine Mitgliedschaft bei den Brüdern weiß ich auch, was jedem Freimaurer beim Erreichen des Meistergrads vom Meister des Stuhles ins Ohr geflüstert wird:

„Es geht um die Weltherrschaft. Wir errichten die NWO, die Neue Weltordnung …"

Verehrte Leser, wie sich aus der Geschichte ergibt, sind alle diese Geheimgesellschaften im Großen – so wie der Autor im Kleinen – gescheitert.

Denn die NWO besagt, dass die Zahl der Menschen von derzeit acht (oder sind es schon neun?) Milliarden auf ausgewählte 500 Millionen zu reduzieren und zu begrenzen ist.

Covid-19 und Corona war somit der letzte dieser jämmerlich gescheiterten Versuche. Wie durch das Internet publik wurde, hat ein namentlich bekannter U.S.-Milliardär großkotzig den Plan enthüllt, als er wenige Tage vor Freisetzung des Coronavirus aus dem Biolabor vor einer neuen Pandemie warnte. Der Virus war genial entwickelt worden: Baldiger Tod vorher nicht heimlich

Geimpfter oder zumindest Unfruchtbarkeit aller Erkrankter durch Einstellung von Ovulation und Spermienproduktion (das war der Plan für das sog. *Long-Covid*). Als nützliche Nebeneffekte bei späteren erfolglosen Impfungen wurde eingeplant, radioaktive Substanzen zu spritzen und heimlich Mikrochips in die Kreisläufe aller zu injizieren (was die Aufspürung jeglicher Person ermöglicht und das wenig effektive Tracking durch Mobiltelefone obsolet gemacht hätte).

Wie allgemein bekannt, ging buchstäblich alles in die Hose. Statt Milliarden von Toten sind es bisher weltweit nur 6 Millionen. Das sind bei einer Weltbevölkerung von 7,8 Milliarden daher … – den Rest kann sich jeder mittels Taschenrechners ausrechnen. Wie viel sind dann 6 Millionen? Egal … sicher viel zu wenig.

Trotzdem gibt es den nationalen Notstand in allen entwickelten Ländern und fast alle Menschen, die ich kenne, fürchten sich. Wie ist das möglich?

Die Statistik gibt auf den ersten Blick allen Maßnahmen recht – denn in Österreich starben 2020 etwa 90.000 Menschen und von diesen exakt 6.477 mit einem COVID-19-GRUND-LEIDEN (so heißt es in der Statistik Austria); also etwa 7% an „der neuen Krankheit". Das ist bedrohlich! Wenn ich das Lebensalter der Verstorbenen ansehe, fühle ich mich als 70-jähriger wenig bedroht. 67,5% dieser Verstorbenen (sollten wir jetzt auf- oder abrunden?) waren 80 Jahre alt und älter.

Erstaunlicherweise suche ich im April 2021 eine exakte Zahl der Krebstoten des Jahres 2020, aber vergeblich. Diese Auswertung kann in Coronazeiten vermutlich warten. Für 2019 finde ich es: Aufgerundet 21.000 Tote. Oder 32.148 Tote an Herzerkrankungen. Warum werden nicht die Trafiken und Fastfoodrestaurants gesperrt, denen wir diese vielen Toten verdanken?

Vielleicht weil Corona tödlicher ist als Krebs?

Nein, das ist es nicht. Zwei Prozent der Betroffenen versterben, aber zwei Drittel merken nicht einmal, dass sie krank sind, und weiß nur wegen eines Testergebnisses (die „asymptomatischen Verläufe"), dass sie infiziert wurden. Krebs? Vierzig Prozent sterben innerhalb von fünf Jahren nach der Diagnose – Krebs wäre also zwanzigmal tödlicher als Covid-19? Das könnte man aus diesen Zahlen ableiten, aber das wäre ein unwissenschaftlicher Vergleich. Hier haben wir aber den psychologischen Faktor, warum Menschen Corona sehr und Krebs vergleichsweise wenig fürchten.

Covid-19 ist wie ein Selbstmord – innerhalb von 14 Tagen wirst du tot sein, sollte es dich „erwischen". Krebs und diese (vermeintlichen) fünf Jahre hingegen sind ein „Irgendwann" und kommt uns subjektiv ewig vor. Warum sich darum kümmern?

Besser noch, wie es ein Sohn ausdrückte (ich habe deren drei): *„Warum sich kümmern? Bin ich ein Kümmerer? Bin ich Jesus Christus? Ich kann mich nicht um alles kümmern."*

Infektionskrankheiten lieben wir nicht. Sie bringen Kontrollverlust und wenn sie töten, töten sie zu rasch. Einer Infektionskrankheit fehlt alles, was sie zu „meiner Krankheit" machen könnte. Das lange Vorspiel fehlt, die behutsame, schrittweise, zärtliche Annäherung, bis sie ein Teil von uns und unserem Lebensstil wird. Zu „meiner Krankheit" unterhalte ich eine Liebesbeziehung; Infektionskrankheiten hingegen kommen plötzlich, ungewollt … sie vergewaltigen uns. Wer liebt seinen Vergewaltiger? Niemand, weder Mann noch Frau, nicht einmal ein Stockholmsyndrom schafft Sympathie für Vergewaltiger, auch wenn wir alles andere – zum Beispiel Bankraub – verzeihen würden.

Wenn ein Polit-Medienkartell eine Krankheit „predigt", dann fürchten sich alle!

Das Spiel „meine Krankheit", nicht „irgendeine" oder „deine Krankheit", das wir unbewusst oder halbbewusst spielen, passt nur in acht von zehn Fällen. Geeignet und beliebt sind die chronischen und degenerativen, auch als Zivilisationskrankheiten bezeichneten Leiden. Drei zählte ich bereits auf (Herzinfarkt, Krebs, Diabetes), sie brauchen zwanzig Jahre bis zum Tod, mindestens zwanzig Jahre, und spielen sich zehn Jahre völlig unbemerkt und ohne Diagnose ab.

Covid-19 ist eine der Krankheiten, eine Infektionskrankheit, auf die unsere Beschreibung nicht passt – Ausnahme 1. Der andere Fall, Ausnahme 2, ist die Krankheit der Kindheit und die genetische Komponente, die mit ihr verknüpft ist. Natürlich hat sich ein Kind mit Krebs, zum Beispiel Leukämie, die Krankheit nicht ausgesucht. Das war Karma. Oder, wenn man die Zuteilung der Gene mit der Zuteilung von Karten im Bridgespiel vergleicht – dann passt das Wiener Sprichwort:

Pech! Du hast die Arschkarte gezogen!

Hier ist auch das „Dilemma der Angelina Jolie" einzuordnen (wenn du mehr darüber erfahren willst, lies den Text der Endnote[6]).

Was aber ist dann Covid-19 und was alles medizinisch-legistisch-politisch in Österreich geschieht?

Wenn „der Zeitgeist" Antworten sucht und findet, ist es so, dass es nie einen einzigen Erzeuger, sondern mehrere Urheber gibt. Was fand oder erfand der Zeitgeist?

Covid-19 ist die neue Religion

Das schreibt schon die ultrakatholische Zeitschrift die FURCHE[7].

„*Die derzeitige Situation hat in ihrer religiösen Erwartungshaltung gegenüber der Virologie etwas Wahnhaftes. Wir finden darin einen säkularisierten Messianismus: An Stelle der Erwartung der Wiederkunft Jesu erwarten wir mit Inbrunst den Messias „Impfung gegen Covid", von dem niemand weiß, wann und ob er jemals kommt …*"

Kurt Appel, Professor für Theologische Grundlagenforschung und Sprecher des Forschungszentrums „Religion and Transformation in Contemporary Society" an der Katholisch-Theologischen Fakultät der Universität Wien, kümmerte sich 2020 um diese Fragen.

Beinahe zeitgleich (FOCUS): Der Philosoph *Markus Gabriel*[8] erläuterte im Gespräch, warum wir uns der Virologie wie einer Religion unterwerfen (*Wirrologen*, pardon wollte *Virologen* schreiben, sind unsere neuen Hohen Priester) und worin unsere Chance liegt, wenn wir mehr Demokratie wagen:

„Virologie ist neue Religion": Der Mensch unterwirft sich lieber einem Virus, als frei zu sein"

Warum Corona als Religion statt Christentum, Islam, Judentum oder Buddhismus?

Weil Corona moderner ist.

Die Religionen, die über Jahrtausende den gesellschaftlichen Takt vorgegeben haben, wurden in der Moderne schrittweise ersetzt durch Formate, die uns rationaler erscheinen. Diesen Vorgang der letzten 200 Jahren nennt man den Prozess der Säkularisierung.

Wie für Philosophen üblich, hat Herr Gabriel den Durchblick, das erkenne ich nach einem im STANDARD[9] publizierten Interview:

Das Verhältnis der verschiedenen Wissensformen zueinander ist regional stark ausdifferenziert. Was für Deutschland gilt, ist zum Beispiel auf Österreich nicht in derselben Weise anwendbar.

Das sehe ich auch so.

Einen weiteren Aufschluss zur Covid-Religion verdanke ich dem Internet und einem *Dominik Umberto*[10], der offenbar diesen klugen Text verfasst hat und zum Konvertit der neuen Religion wurde:

„Corona ist die neue Weltreligion des mechanistischen Denkens. Sie wurde in vielen westlichen Ländern zur Staatsdoktrin erhoben – die Gottesdienste für die alten Götter wurden verboten oder finden nur unter strengen Auflagen statt. Nicht schlimm, das Interesse hatte die letzten Jahrzehnte ohnehin stark nachgelassen …

Corona ist ein guter sowie strafender Gott, vor dem wir uns schützen müssen, den wir aber auch besänftigen können, wenn wir uns an die Gebote halten. Die Gebote lauten:

Du sollst Abstand halten
Du sollst zuhause bleiben
Du sollst deine Kontakte reduzieren
Du sollst alles online erledigen
Du sollst dich impfen lassen
Du sollst gehorchen …"

Damit wurde alles gesagt, pardon, ich meinte geschrieben.

Mein Text ist naturwissenschaftlich konzipiert – das Thema Lebensverkürzung ist nur naturwissenschaftlich und medizinisch zu verstehen. Da Covid aber keine Erkrankung, sondern eine Religion ist, benötigen wir eine andere Wissenschaft zur Analyse, die *Theologie*. Um Covid-19 und Coronavirus zu begreifen, müssen wir die Werkzeuge der Dogmatik, der systematischen Theologie, der Exegese und der Epistemologie einsetzen. Da führt kein Weg herum.

Irre ich mich in der Annahme, dass dir die Aussage „Jeder ist s e i n e r Krankheit Schmied" nicht gefiel? Wie die meisten bitteren Wahrheiten dürfte der Schluss des Autors, dass der Kranke „seine" Krankheit liebt, pflegt und hätschelt, Therapien hintertreibt, ihm – dem Autor – wenig Sympathien eintragen. Wir haben es nicht gern, wenn jemand uns an die Verlogenheit unserer eigenen Welt erinnert. Denn unsere vorgetäuschte Welt ist doch die wahre Welt. Es wird daher an dieser Stelle der Widerspruch massiv einsetzen und es werden auch haufenweise Beispiele dafür auftauchen, dass dieses Konzept der Liebe zur Krankheit Irrtum und Irrsinn ist.

FORTSETZUNG FOLGT

In welchem Alter will ich sterben?

Das ist der Ausgangspunkt, die Frage, nach der sich das andere richtet. Verschaffen wir uns ein Moratorium und warten bis zum 20. Geburtstag. Lebensverkürzung ist kein Kinderspiel oder ein Partytrick für Jugendliche, sondern eine verantwortungsvolle Aufgabe, die eine gewisse Reife erfordert.

Zwischen 20 und 30 ...

es ist nahezu ausgeschlossen, an einer Krankheit zu sterben. Als Mittel der Wahl bleibt nur der **Substanzmissbrauch**, aber auch nicht jeder. Cannabis ist harmlos, etwas für Kindergeburtstage. Da bleibt nur, **Heroin intravenös zu spritzen**.

Janis Joplin ist das prominente Beispiel, Überdosis mit 27.

Nicht prominent war *Franz*, 20 Jahre alt. Der Notarzt fand den Verstorbenen in einem Zweimannzelt auf einem Schlafsack liegend vor. Die Brüder waren obdachlos, weil die Eltern sie wegen Suchtgiftmissbrauchs aus der Wohnung geworfen hatten, sie nächtigten im Zelt auf der Wiese.

„Mein Bruder Franz und ich haben gestern gegen 21.30 Uhr hier unser Zelt aufgebaut. Fritz wäre heute in der Psychiatrie wegen Suchtkrankheit stationär aufgenommen worden. Am gestrigen Tag, gegen 18.00 Uhr, hat sich Fritz noch Substitol® gespritzt, das er sich am Margaretengürtel hinter dem Burger King besorgt hat. Etwa gegen 23.30 Uhr haben wir uns schlafen gelegt. Heute morgen wachte ich auf und bemerkte, dass mein Bruder nicht zugedeckt auf dem Schlafsack lag. Ich wollte ihn zudecken und stellte fest, dass sich sein Körper ganz kalt anfühlte. Da ich ihn nicht mehr aufwecken konnte, verständigte ich sofort die Rettung."

Zwischen 30 und 40 …

ist es schon möglich, an einer **Krankheit** zu sterben. Man muss sich allerdings ziemlich anstrengen und unsere kleinen „**Helfer" aktivieren**.

Theo, nicht prominent, sondern Nachtportier in meinem früheren Arbeitsplatz, schaffte das. Er verbrachte die Nacht damit, eine Flasche Weinbrand zu trinken, den er mit einem Doppelliter Weißwein hinunterspülte – so erzählten seine Arbeitskollegen. Dazu rauchte er etwa 100 selbst gedrehte Zigaretten. Mit 36 bekam er durch den Alkohol eine Bauchspeicheldrüsenentzündung (Pankreatitis), die er knapp überlebte – der Alkohol brachte es nicht. Dann war er zwar „trocken", aber rauchte weiter. Mit 38 starb er an einem Herzinfarkt.

Dylan Thomas war ein walisischer Schriftsteller und prominent. Von ihm stammt das wunderschöne Gedicht: *Do not go gentle into that good night*. Bei ihm führte der **Alkohol** zum Ziel. Er starb in einer Bar nach der Konsumation – seine letzten Worte waren (ins Deutsche übersetzt, denn er sagte es auf Englisch): *16 doppelte Whiskey, das ist ein neuer Rekord!*

Zwischen 30 und 50 verhilft professionelles Bodybuilding zum frühen Tod

Ein Bodybuilder auf höchstem Niveau zu werden bedarf der Verwendung wirkungsvoller pharmazeutischer Substanzen, die mit Organversagen und einem frühzeitigen Tod in Verbindung gebracht werden. Anabolika, Wachstumshormon, Insulin, Diuretika et cetera.

Als *Goldman-Dilemma*[11] werden Erkenntnisse einer Studie des US-amerikanischen Arztes und Publizisten *Bob Goldman* bezeichnet, die ergab, dass 50 % der Hochleistungssportler bereit wären, innerhalb von fünf Jahren zu sterben, wenn ihnen die

Einnahme einer Droge den Gewinn einer olympischen Goldmedaille sichern würde.

Prominente Beispiele aus dem Internet[12]: Mike Matarazzo, Profibodybuilder. Matarazzo hatte im Alter von 38 Jahren eine dreifache Bypassoperation am offenen Herzen, einen Herzinfarkt im Alter von 41 Jahren und starb im Alter von 47 Jahren, während er auf ein Spenderherz wartete.

Es ist eine längere Liste: *Ed Kawak*, 47; *Frank Hillebrand*, 45; *Hans Hopstaken*, 45; *Greg Kovacs*, 44; *Art Atwood*, 37; *Charles Durr*, 44; *Mike Mentzer*, 49; *Daniele Seccarecci*, 33; auch ein Österreicher, *Andreas Münzer*, 32; *Rich Piana*, 46; *Sebastian Kakol*, 39 …

Bodybuilder verhelfen sich selbst zu größter Muskelmasse und hohem Körpergewicht. Einen Bizeps kann man auf maximale Größe trainieren. Aber wenn die Gesamtkörpermasse steigt, steigt auch die Muskelmasse des Herzens und das geht vom Normalgewicht 350 Gramm (normales Herzgewicht) bis zu *500 Gramm = kritisches Herzgewicht* gut, danach beginnt die relative Mangelversorgung mit Sauerstoff. Ein guter Bodybuilder kommt auf Herzgewichte von 700 Gramm plus, so auch mein nicht prominenter Bodybuilder – der „stärkste Mann eines Dorfes im Südburgenland" –, den ich obduzierte. Er verstarb im Alter von 46 Jahren.

Ab 40

kann man sich auch bereits den **ersten Herzinfarkt** angezüchtet haben. Um das effektiv zu schaffen, muss man fleißig sein und Faktoren kombinieren. Zum Beispiel Fettstoffwechselstörung + viel Rauchen + Stress + Bluthochdruck + Diabetes et cetera. Eine Komponente allein bringt es nicht. Am besten, Sie lassen sich durch ärztliche Kontrolle helfen. Achten Sie darauf, möglichst hohe Werte im Gesamtcholesterin, beim LDL, bei der CRP, beim Homozystein und beim ApoB (Apolipoprotein B) zu erzielen. Auch ein hoher Wert bei Triglyzeriden und ein niedriger Wert beim HDL sind hilfreich. Dann kann eigentlich nichts schiefgehen und sie können Ihren Vierziger mit einem Infarkt krönen. Noch eine gute Nachricht: Die Hälfte der Patienten mit dem ersten Infarkt erreicht das Krankenhaus nicht, weil sie davor sterben.

Aber warum erzähle ich das? Es gibt doch bereits eine gute Anleitung, nämlich *Anleitung zum Herzinfarkt* von *Bernhard Ludwig*. So erspare ich mir die Arbeit, dir alles beizubringen – kauf dir diese hilfreiche Broschüre.

Mit 50 legt man sich eine Krebserkrankung zu …

aber gewusst an welchem Organ. Meine beiden Favoriten sind Lunge (vulgo **Bronchuskarzinom**) und die Bauchspeicheldrüse – das **Pankreas**. Jeder Medizinstudent lernt diesen hilfreichen Merkspruch:

Hinter dem Magen liegt etwas. Und das heißt Pankreas.

Wegen der versteckten Lage wird daher dieser Krebs erst entdeckt, wenn er groß und irreparabel ist. Mit deinem Ableben rechne in einem Jahr nach Diagnosestellung.

Wie züchtet man seinen Krebs? Das ist nicht immer leicht, daher am besten mit einer Kombination:

Rauchen + Standardernährung „SAD" + Fettsucht (BMI über 30) + Diabetes + möglichst eine Röntgenuntersuchung jährlich (bevorzugt CT = Computertomografie) + Bewegungsmangel

Die CT ist ein heißer Tipp, allerdings zweischneidig. Der Nachteil ist, dass der Krebs mit ihrer Hilfe zu früh entdeckt und wegoperiert wird. Der Vorteil wäre, dass eine jährliche Untersuchung mittels CT, um Krebs auszuschließen, sich im Lauf einiger Jahre zu einer Strahlenbelastung aufaddiert, die selbst Krebs erzeugt.

Diese Kombi war der Idealfall; im Zweifel reichen die übliche Ernährung und exzessives Rauchen – darüber mehr im nächsten Kapitel.

Warum Bewegungsmangel? Weil wissenschaftlich erwiesen ist, dass sportliche Frauen weniger Brust- und Darmkrebs entwickeln.

FORTSETZUNG FOLGT

Rauchen ist genial

Das „geniale Rauchen" – wieder ein Ausspruch eines meiner Söhne.

Bewiesen ist, dass Rauchen das Leben nicht verkürzt – ZITAT WIKIPEDIA

„Calment fing mit 85 das Fechten an und fuhr noch als 100-Jährige Fahrrad. Bis zum Alter von 110 lebte sie alleine, erst 1985 zog sie in ein Altersheim. Bei einem Sturz im Alter von 115 Jahren brach sie sich zwei Knochen und war nach einer Operation fortan auf den Rollstuhl angewiesen. Blind und fast taub erlebte Calment ihre letzten Jahre, blieb aber geistig rege. Sie tat nach eigenen Aussagen nie etwas Besonderes, um gesund zu bleiben.

Jeanne Calment war seit 1896 Raucherin und versuchte erst 1992, mit 117 Jahren, das Rauchen aufzugeben, kehrte jedoch ein Jahr später wieder zum Rauchen zurück. Endgültig Schluss war allerdings wiederum ein Jahr darauf im Alter von 119 Jahren. Infolge ihrer Blindheit war sie nicht mehr in der Lage, sich selbst eine Zigarette anzuzünden, und sie hasste es, andere um Hilfe zu bitten …"

Wenn das kein Beweis ist … Es ist natürlich kein Beweis, weil Calment die Ausnahme war, aber es genügt, um einen Arzt, der sie mit dem Rat, Nichtraucher zu werden, quält, Paroli zu bieten. Warum sollten Sie mit dem Rauchen aufhören? Österreichische Gesundheitsminister tun das nicht, zum Beispiel Herr *Mückstein*. Weshalb sollten Sie päpstlicher als der Papst sein? – fragen Sie das Ihren Hausarzt.

Wenn er dann noch immer nicht Ruhe gibt, dann kontern Sie:

Helmut Heinrich Waldemar Schmidt war ein deutscher Politiker der SPD. Von 1974 bis 1982 war er als Regierungschef einer sozialliberalen Koalition nach dem Rücktritt Willy Brandts der fünfte Bundeskanzler der Bundesrepublik Deutschland. Er wurde 96 Jahre alt und war Kettenraucher.

„Wenn man im Himmel nicht raucht, gehe ich nicht hin."
M. Twain

Überrascht Sie dieses Zitat?

Am Rauchen muss etwas dran sein. Denn sonst würde nicht ein Drittel der Bevölkerung rauchen.

Wie Sie an diesem Satz sehen, bin ich weder ein militanter Nichtraucher, noch ein militanter Raucher.

Mit dem Buch von *Allen Carr „Endlich Nichtraucher"* konnte ich nie viel anfangen.

„Allen Carr rauchte 1983 noch 100 Zigaretten pro Tag. Nachdem er jedoch gesundheitliche Probleme bekam, fand er für sich eine Methode, die ihn vom Rauchen abbrachte." Und das ist seine Methode:

„Machen Sie sich eines bewusst: Da ist absolut nichts, was Sie aufgeben müssten."

Das soll alles sein?

Man hätte sich nur geirrt, wenn man 20 Jahre lang geraucht hätte?

Das glaube ich nicht.

Fakt ist doch, dass Rauchen, wenn man den ersten Ekel überwunden hat, Spaß macht. Dass man, gerade wenn man jung ist, seine Ängste und Verlegenheit damit überspielen und mit dem anderen Geschlecht anbandeln (ein wienerischer Ausdruck) kann. Dass man seinen Altersgenossen und Mitschülern cool erscheint. Und dass man nach 7 bis 10 Sekunden ein wahres pharmakologisches Feuerwerk im Gehirn (Dopamin, Acetylcholin, Norepinephrin, Vasopressin, Serotonin, Beta-Endorphin) erzeugt. Und sich dadurch (vorübergehend) besser fühlt. Das führt dazu, dass Raucher ein intensiviertes Lebensgefühl erleben[13], Gefühle managen, ihrer eigenen Persönlichkeit Ausdruck verleihen, ziellose motorische Unruhe in fließende und beruhigende Bewegung umwandeln, ein soziales Ritual genießen.

Was wird das hier? Ein Plädoyer für das Rauchen?

Nun das hätten Sie 1940 von einem amerikanischen Arzt haben können. Er hätte zu Ihnen gesagt:

„Nervös sind Sie? Warum rauchen Sie denn nicht, so wie ich?"

Wie schaut es also im Detail aus?

Mit jeder Zigarette führen Sie sich 4.800 im Tabakrauch identifizierte Substanzen zu, darunter 69 anerkannte Karzinogene und eine Vielzahl anderer toxischer Substanzen (darunter Nicotin, Kohlenmonoxid, Formaldehyd, Blausäure u. a.)[14].

Die beste Kombi für die Fleißigen:
AKTIV RAUCHEN + PASSIV RAUCHEN + LUFTVERSCHMUTZUNG + SCHNAPS TRINKEN

Warum beim Rauchen Schnaps trinken? Weil diese Kombination hilft, Speiseröhrenkrebs zu bekommen. Der Schauspieler *Humphrey Bogart* könnte das bestätigen, wenn er noch leben würde. Welcher Mann will nicht wie Humphrey Bogart sein? Ich will wie er sein, darum unterbreche ich kurz das Schreiben, um eine zu rauchen und einen Whiskey zu trinken.

Ein Bekannter hatte zu mir bemerkt:

„Passivrauchen ist viel gefährlicher als Rauchen. Deshalb höre ich nicht auf!"

Stimmt das? Nein, verzichten Sie niemals darauf, selbst zu rauchen!

Ein Aktivraucher, der 20 Zigaretten/Tag raucht, nimmt bis zu 20.000 mal mehr das tabakspezifische Nitrosamin (Kanzerogen) zu sich als ein Passivraucher[15]. Und jeder Aktivraucher ist zugleich zusätzlich ein Passivraucher, weil er sich in der rauchgeschwängerten Atmosphäre befindet.

Wie hoch ist Ihr **Erkrankungsrisiko als Raucher** im Vergleich zu Nichtrauchern?

Koronare Herzkrankheit für leichte Raucher 2-fach (verdoppelt), für starke Raucher (über 45 Zigaretten/Tag) 11-fach.

Schlaganfall 1,5 bis 3-fach.

COPD: Jeder 5. Raucher entwickelt COPD.

Krebs: 30% aller Krebserkrankungen sind tabakassoziiert.

Gesamtsterblichkeit bei Krebs ist bei Rauchern doppelt so groß wie bei Nichtrauchern. Raucher haben ein erhöhtes Risiko für Zweitkarzinom.

Das schaut nicht schlecht aus, unser Projekt betreffend.

Noch besser: Durch die Dosis können Sie die Wirkung steuern und ihren Todestag besser anpeilen.

Als **Faustformel hilft: 20 Zigaretten = 1 Packung/Tag sind minus 10 Jahre Lebenserwartung**

Deshalb sollten sie sich als **Ziel** setzen, **mindestens 40 Zigaretten pro Tag** zu rauchen. Das kann am Anfang schwer sein, aber Übung macht den Meister.

Wichtig: Hören Sie nie mit dem Rauchen auf

Warum? Weil Sie so langfristig Ihr Projekt gefährden, weil:

Wie gewonnen, so zerronnen!

„Nach 20 Minuten bessert sich die Durchblutung von Händen und Füssen, Blutdruck und Puls normalisieren sich.

Nach 8 Stunden sinkt bereits das Risiko für einen Herzinfarkt.

Nach 24 Stunden reinigt sich die Lunge von Schleim.

Nach 48 Stunden sind Geschmacks- und Geruchssinn verbessert.

Nach 72 Stunden steigt die körperliche Leistungsfähigkeit.

Nach 2 bis 12 Wochen fällt das Gehen leichter.

Nach bis 3 bis 9 Monaten verbessern sich Lungenfunktion, Husten und Kurzatmigkeit.

Sie riechen besser und riechen auch für andere besser, sind attraktiver. Das fahlgraue Hautkolorit bessert sich.

Wenn Sie eine Frau sind, haben Sie möglicherweise durch das Rauchen Falten (im Gesicht) bekommen (als Mann natürlich auch). Es kommen jetzt keine neuen Falten mehr dazu.

Und ob Mann oder Frau: Sie ersparen sich in etwa 1.800 €
im Jahr.

Sie sind gesünder und werden länger leben! Das ist allerdings
langfristig."

Ist Ihnen klar, was Sie eben gelesen hatten?

Die Feindpropaganda!

Daher nie aufgeben, weiter rauchen…

Stattdessen antworten Sie so:

Friedrich Torberg[16]*: Plädoyer für einen ungesunden Lebenswandel*
Auch Nichtraucher müssen sterben

„Worauf ich als geistig schaffender Mensch nicht verzichten kann, ist das
Rauchen. Ich übe seit ungefähr 50 Jahren den Beruf des Schriftstellers
aus und habe ihn von Anfang an rauchend ausgeübt … Ich rauche,
trinke schwarzen Kaffee, schlafe zuwenig, mache zuwenig Bewegung
und bin auf diese Weise 70 Jahre alt geworden. Vielleicht wäre ich bei
gesünderer Lebensführung heute schon 75 oder 80, aber das lässt sich
schwer feststellen."

Jetzt schreibe ich, was andere Ärzte bestreiten werden.

1966 beschrieb *Harold Kahn*, dass in seiner Studie Tod infolge **Parkinson** bei Nichtrauchern dreimal häufiger als bei Rauchern auftrat. 1971 bestätigten *Kessler und Diamond* diese Beobachtung[17]. Offenbar führt die Reizung von Nikotinrezeptoren
im Corpus striatum zur Ausschüttung von Dopamin in der nahe
gelegenen Substantia nigra (Hypothese von *Chesselet*). Fazit: Hätte ich ein Gen für die Parkinson'sche Erkrankung, würde ich die
Nikotinzufuhr durchführen (nicht unbedingt mit Zigaretten).

Eine zweite Erkrankung – ebenfalls im Gehirn – könnte auf
Nikotin bzw. Rauchen günstig reagieren, nämlich der Morbus
Alzheimer.

In der Rotterdam-Studie wurde bei Rauchern ein erhöhtes
Risiko für Alzheimer angenommen. In anderen Untersuchungen hingegen fand sich ein deutlich reduziertes Alzheimer-Ri-
siko bei Rauchern[18], so bei zwei Metastudien[19].

Feststeht – wie schon Torberg bemerkte – dass Nikotin und Koffein bei Lernprozessen und dem Auffinden von Gedächtnisspuren hilfreich sind.

FORTSETZUNG FOLGT

Eine Fantasiereise, falls Sie ratlos sind ...

Der Autor geht mit Recht davon aus, dass die geschätzten Leser inzwischen die Logik der Lebensverkürzung begriffen haben und einen ersten Überblick über das nötige Handwerkszeug gewannen. Aber dennoch gibt es ein Problem vieler, das ich euch anhand der E-Mail von *Stefan Kurz* aus *Fucking*, einem Ort in Österreich, kurz nahebringen will.

„Lieber Autor", schreibt er, *„Lebensverkürzung ist logisch und sinnvoll. LOL!!"*
Dann folgen im Text fünf Emojis, die ich aufgrund der Mängel meines Microsoft Word Schreibprogramms nicht wiedergeben kann. Dann:
„Mein Problem ist, das ich nicht weiss, welche Krankheit für mich die richtige ist und welcher Todeszeitpunkt der beste. Kannst du mir helfen?"
Stefan Kurz hat tatsächlich *das* statt *dass* und *weiss* statt *weiß* geschrieben. Deshalb habe ich diese Schreibweise nicht korrigiert, sondern aus Respekt vor dem Autor und wegen des Urheberrechts im Original wieder gegeben.

Meine Antwort war kurz:
„Lieber Stefan, so wie dir geht es vielen, vor allem den Jüngeren. Es gibt zwei Lösungsmöglichkeiten. Die erste ist, unbeirrt dem Lebensstil zu folgen, der dir selbst am meisten liegt und deinen Buddys am besten gefällt. Dann finden sich die Antworten auf deine Fragen (passende Krankheit und Todeszeitpunkt) früher oder später von selbst. Wenn du nicht so lange warten willst, kann ich dir auch helfen. Du sollst wissen, dass ich vor meiner Pension nicht nur Rechtsmediziner war (und so das Wissen erwarb, wie man sein Leben erfolgreich verkürzt). Ich qualifizierte mich auch als Arzt für Psychotherapie, eine Wissenschaft, die jedes Lebensproblem löst. Ich habe daher eine „Fantasiereise" entwickelt, die dir deine Fragen beantwortet – natürlich nach dem State of the Art der Psychotherapie. Liebe Grüße, Dein Auttor!"

Den vorgeblichen Rechtschreibfehler „Auttor" statt Autor habe ich absichtlich eingefügt. Ein guter Psychotherapeut soll niemals seinen Klienten korrigieren, zurechtweisen, konfrontieren oder beschämen. Die goldene Regel ist stattdessen:

Zeig mir deine Welt, damit ich fühlen kann, wie es ist, in deinen Schuhen zu gehen. Damit ich alles, was du machst, bewundern, rechtfertigen und verstärken kann!

Das war das Vorspiel, jetzt zum eigentlichen Akt.

Die Methode der *Fantasiereise* hat zwei Wurzeln: die Meditation der Shaolinmönche und die tausenden Verbesserungen durch unzählige weibliche, in Jute gekleidete, Birkenstock-Sandalen tragende, esoterische und authentische Therapeutinnen. Wichtige Ideen verdanken wir auch dem Arzt *Rüdiger Dahlke*. Anregungen bekam sie schließlich auch durch die großartigen *Familienaufstellungen*, die von *Bert Hellinger* entwickelt wurden und die ich als Partyspiele für verregnete Nachmittage empfehle. Der Vorteil: Das braucht keine lange Ausbildung. Ein Fünf- bis Zehnstundenkurs genügt, um Experte in der Familienaufstellung zu werden.

Beginnen wir:

„Schließen Sie Ihre Augen, entspannen Sie sich und fühlen Sie, wie Ihr Körper schwer auf die Unterlage drückt. Ihr Atem ist ruhig und gleichmäßig und die Atmung wird immer ruhiger und gleichmäßiger. Sie atmen weißes Licht und Frieden ein … sie atmen rosa Licht und Liebe aus … Die Welt liebt Sie und Sie lieben die Welt … Innerlich sagen Sie zu allem Ja, Ja, JA!!! … jetzt kommt es … jetzt kommt es Ihnen … aus Liebe … aus Frieden … Ihr Herz atmet … Sie atmen …

In Ihrem Inneren steigt langsam ein Bild auf … wird klarer … deutlicher … Ihre inneren Augen zeigen eine Treppe … eine Treppe, die in den Keller führt … in Ihr Unbewusstes … Ihre Seele … sie gehen langsam … hinunter … zehn Stufen … Sie zählen lautlos mit mir mit … Zehn … Neun … Acht … Sieben … Sechs … Ihre Entspannung verstärkt sich … Fünf … Sie hören nur noch meine Stimme … Vier … Drei … Alles ist wohlig, warm …Zwei … Eins …

Sie stehen vor einer Türe … berühren Sie sie, fühlen Sie sie … auf der Türe steht eine Schrift … Sie lesen … Meine Krankheit, steht dort … Ruhe, Schwere, Wärme … Alles andere ist ganz gleichgültig, gleich gültig … da steht noch etwas geschrieben … mein Todeszeitpunkt steht dort … geschrieben … wann ich sterben soll … Liebe, Liebe, Liebe … um den großen Plan des Universums zu erfüllen …

Jetzt ist ein kurzer technischer Kommentar angebracht. Den Text liest der Übungsleiter vor, eindringlich, monoton, leise, aber nicht zu leise, damit alle in der Gruppe, die dort herumliegen, ihn hören können. Der Raum soll warm sein, behaglich, die Beleuchtung gedämpft. Eine Zimmerlampe ist gut, über die sie einen roten Seidenschal aus einem Dritte-Welt-Laden hängen. Räucherstäbchen oder Weihrauch können bei Bedarf eingesetzt werden, es geht aber auch ohne. Das Ziel dieses ersten Teiles ist, eine leichte Hypnose einzuleiten und die Fantasie anzuregen und zu zentrieren. Angeregt ist die Technik vom Autogenen Training, das vom Berliner Nervenarzt *Johannes Heinrich Schultz* entwickelt wurde.

Sie öffnen die Türe und treten ein … eine wunderschöne Wiese liegt vor Ihnen … Blumen, überall Blumen, ihr Duft schwängert die Luft … in der Ferne singen Vögel … sie warten, ganz ruhig … denn bald erscheint Ihr Ratgeber oder Ihre Ratgeberin … oder beide … oder ein weises Tier, ihr Totemtier, das Ihnen den rechten Weg weisen wird … oder eine Kombination aus den genannten … vielleicht hören Sie auch nur eine Stimme … aber diese Stimme sagt die Wahrheit, ist die Wahrheit … sie könnte sagen … Ich bin die Wahrheit, der Weg und das Leben. Wer in mir ist, wird nicht sterben, auch wenn er gestorben ist … Ich bin die Stimme des Universums, war immer in dir und werde in dir sein, bis ans Ende deiner Tage … dann hören Sie etwas … es ist ein leichtes Wispern, aber es verstärkt sich, wird zu Worten, verständlichen Worten … oder Sie sehen etwas, in der Ferne … noch unklar, eine Silhouette, ein Schatten … es kommt näher, Sie erkennen es … es ist ein Mann, ein alter Mann … oder ein Tier … es oder er oder sie spricht: „Ich bin der alte Weise" … Ich kam, um den Weg zu weisen … oder was möglicherweise kommt, wenn du ein Mann bist, ist eine Frau … wenn du eine Frau bist, kann es ein Mann sein … aber auch eine Frau … Egal, das Wesen ist schön, erregend, sexy … Es spricht … Ich bin deine Anima – sagt die Frau … ich bin dein Animus, sagt der Mann … es rät dir … wahre Worte, gute Worte … du hörst zu … deine Fragen begegnen ihren Antworten …

Technischer Kommentar. Erst jetzt sind wir voll in der Fantasiereise. Ich benütze die Technik des KIP bzw. KB, die vom Therapeuten *Hans Carl Leuner* entwickelt wurde.

Der *alte Weise*, sexy *Anima* oder *Animus* sind selbstverständlich die *Archetypen*, die *Carl Gustav Jung* entdeckte. Das *Totemtier* entstammt den *schamanischen Techniken*. *Körperlose Stimmen*, die zum Beispiel aus brennenden Dornbüschen sprechen, sind normale *Geistererscheinungen*, wie man sie in jeder vernünftigen Religion findet.

Im folgenden Hauptteil stellt jeder Klient die zwei Fragen: a) welche Krankheit passt zu mir und b) in welchem Alter soll ich sterben. Falls sich die *Geistführer* weigern zu antworten oder dem Klienten anraten, alt zu werden und gesund zu bleiben, haben sich Therapeut und Klient nicht zufrieden zu geben. Dann wird zum zweiten Mal gefragt mit diesem Text …

Ich weiß und fühle Großer Geist … dass deine Antworten reiner Liebe entsprangen … Du sagtest jenes nur, um mich zu schonen … aber das braucht es nicht … ich bin bereit für die Wahrheit … die Wahrheit wird uns frei machen …

In aller Regel erhält der Klient in der zweiten Befragung dann die richtigen Antworten. Wichtig ist jetzt, diese Reise nicht abrupt abzubrechen, sondern sanft ausklingen zu lassen und sich bei den *Geistführern* zu bedanken. Wie macht man das? Das haben wir alle von *Bert Hellinger* gelernt. Stellt zum Beispiel eine junge Frau in einer Familienaufstellung ihren Vater, der sie als Kind vergewaltigt hat, in eine Zimmerecke … was tut man da? Falsch wäre es, ihn zu beschimpfen oder zur Rede zu stellen. Der Therapeut fordert stattdessen die Klientin auf, sich bei ihrem Vater zu bedanken und sich vor ihm zu verneigen. Bei dieser Psychotechnik sind die Worte unwichtig, wichtig ist die *tiefe Verneigung*.

Die Klienten verneigen und verabschieden sich in ihrer Fantasie von ihren Ratgebern. Ausklingen lassen Sie als Therapeut die Reise mit folgendem Text:

Nun ist es an der Zeit, ins Hier und Jetzt zurückzukehren … Unsere Reise nähert sich ihrem Ende … Alles was in unserer Reise gekommen ist, war gut … Sie lassen das los … Jetzt … die Bilder verblassen … sie hören die Geräusche der Umgebung … Sie werden wach und wacher … jeder, in seinem ihm eigenen Rhythmus, kehrt zurück … nimmt sich noch ein wenig Zeit … öffnet die Augen, wenn er dazu bereit ist … ist entspannt und erholt … Hier … bei uns …

FORTSETZUNG FOLGT

SAD und der Angriff der Killerburger

Ernährung ist ein schwieriges Thema in der Theorie, weil etwa alle 30 Jahre die Grundkonzepte geändert werden. So sagte man mir während meines Studiums, dass die Fette – allen voran gesättigte Fette – gesundheitlich „die Bösen" wären. Jetzt ist es eher en vogue, dass der „wahre Schädiger" die Kohlenhydrate sind, insbesondere Zucker – „das weiße Gift".

Bei den Diäten zeigt sich diese Kontroverse, in der die „High-Carb"-Leute mit den „Low-Carb"-Anhängern und den Atkins-Followern streiten, wer das Gelbe vom Ei entdeckt hat. Das sollte uns aber nicht beunruhigen, dieser ganze Diätwahnsinn. Denn – Gott sei Dank – funktioniert es nicht und 95 % aller Diätanhänger sind nach fünf Jahren mindestens genau so schwer wie zuvor, meistens aber noch fetter. Ein eindrucksvolles Beispiel für diesen Mechanismus ist die US-Fernsehqueen Oprah Winfrey nach zahlreichen Diäten. Dem Internet entnehme ich:

„Gewichtsschwankungen haben Oprah Winfrey die letzten 40 Jahre ihres Lebens und ihrer Karriere begleitet, seit einiger Zeit spricht die Ikone schon von Selbstakzeptanz und -liebe. Die hat aber maximal 90 Kilo."

Auch beinahe alle Teilnehmer der beliebten Fernsehserie *Biggest Loser* hatten nach einiger Zeit ihr altes Gewicht wieder.

So widersprüchlich die Theorie ist … die Praxis präsentiert sich klar.

Seit dem 2. Weltkrieg haben die Europäer gelernt, sich an „Amerika", das heißt an den USA, als an dem fortschrittlichsten Land der Welt zu orientieren. Da können wir wirklich lernen, nämlich wie Demokratie vorbildlich funktioniert (Donald Trump), Beachtung der Menschenrechte (Guantanamo), ein fortschrittliches System der Sozialversicherung und auch, was Ernährung kann, wenn man sie richtig gestaltet. Hier ist die USA wahrhaft führend.

Denn die sinnvollste Art der Ernährung ist die **Standard American Diet**, kurz **SAD** abgekürzt. Das ist offensichtlich ein Wortspiel dieser verrückten Außenseiter, die das Leben verlängern wollen, denn wie uns unser Schulenglisch lehrt, ist das Wort „SAD" in Deutsch mit „traurig" zu übersetzen.

Der Erfolg von SAD ist unbestritten und zeigt sich in der Epidemiologie. Die USA sind Sieger! Sie führen in Bezug auf Fettleibigkeit, also Adipositas (BMI 30 und höher) weltweit!

38% der Bevölkerung sind fettleibig. Abgeschlagen bringt es Deutschland (laut STATISTA) nur auf 24% der Bevölkerung, die das Ziel „fettsüchtig" erreichen. Und Österreich? Noch schlimmer. Wenn man der Statistik Austria glauben wollte, so wären sogar nur 17% mit Adipositas gesegnet, laut Gesundheitsbefragung 2019 (7.417 Angaben). Allerdings gibt es aus meiner Sicht Hoffnungsschimmer, dass diese Zahl zu gering ist, weil Personen bei einer telefonischen Anfrage dazu neigen, ihr eigenes Gewicht zu unterschätzen. Möglicherweise wollten sie auch den untergewichtigen Interviewer nicht beschämen und gaben ihr Körpergewicht absichtlich zu niedrig an.

Ich bin gerade dabei, einen **Ernährungsplan für Österreich** schriftlich auszuarbeiten und dem Gesundheitsministerium zuzusenden. Da sich dort Beamte von beschränkter Auffassungsgabe versammeln, ist mein Plan *K.I.S.S. = Keep it simple stupid*.

Deshalb umfasst er nur drei Punkte:
1) **Adipositas bis 2030**
2) **Insulinresistenz für alle (Insulinresistenz ist ein Menschenrecht)**
3) **„Null pro Tag" – durch fiskalische Anreize: Luxussteuer auf Gemüse und Obst und Erhöhung der staatlichen Zuschüsse für Fleisch und Geflügel**

Ich will euch kurz meinen genialen Plan erläutern:

Adipositas bis 2030, das ist ein leicht erreichbares Ziel.

Neun Jahre für jeden, der noch nicht fett genug ist. Neun Jahre sind 9 x 12 = 108 Monate (wenn ich mich nicht verrechnet habe). Wenn jetzt jeder auch nur bescheidene 200 g pro Monat (0,2 kg) zunimmt – das sollte jeder schaffen – dann wären das 21,6 kg mehr auf den Rippen.

Allerdings würde ich das Ziel nicht mehr über den BMI von 30 definieren. Das ist einerseits zu unsicher, denn man weiß nie, ob ein Individuum Fett oder Muskelgewebe zunahm, andererseits ist das Ausrechnen des BMI unzumutbar, weil Mathematik auf Hochschulniveau gefordert ist. Es muss ein leichter Parameter sein, den jeder – auch du, mein Leser – leicht überprüfen kann. Diesen Parameter gibt es:

Das Minimalziel ist ein Bauchumfang von mindestens 101 cm. Wie sonst im Leben ist auch hier mehr zugleich besser

Das ist leicht zu überprüfen, man braucht nur ein Maßband – das hat beinahe jede – und einen Bauch – den hat jeder. Ohne übergenau zu sein, ist auf den Unterschied der Geschlechter zu verweisen. Für eine Frau sind 101 cm ziemlich tüchtig, für einen richtigen Mann das absolute Minimum. Ein stattlicher, starker Mann hat einen Bauchumfang zwischen 120 und 130 cm zu haben oder anzustreben.

Warum Insulinresistenz? Die Antwort ist medizinisch. Ohne Insulinresistenz gibt es keinen Diabetes mellitus Typ 2 und sie müssen über eine Insulinresistenz verfügen, um **erst nach zehn bis fünfzehn Jahren Insulinresistenz** ihren **echten Diabetes** zu bekommen. Wobei der Bauch – siehe oben – hilft, weil das Fett im Bauchinneren (intraabdominelles Fett) günstig ist, entzündungsfördernd, viel mehr als Fett am Oberschenkel. Sie sehen, in meinem Plan passt alles sinnvoll zusammen.

Zugleich enthüllt sich so das versteckte **Fernziel** meines Planes:

Österreich ein Volk von Diabetikern

Österreich und die Österreicher sind süß. Die ganze Welt weiß das, darum streben hunderttausende Touristen in unser herrliches Land. Die Lippizaner, der Apfelstrudel, das ständige Walzertanzen auf der Ringstraße, das Herz aus Edelmetall, nämlich das goldene Wienerherz – ist das alles nicht wunderbar? Wir Österreicher wollen aber nicht nur süß, wir wollen auch zuckerkrank sein. Das enthüllt unser wahres Ich. Das ist die wahre Süße, *La Dolce Vita*.

Warum schrieb ich das alles nicht in meinem Entwurf für unsere weise Bundesregierung?

Weil das Ziel zu anspruchsvoll ist; der Minister hätte das als Utopie und zu schwierig zu erreichen abgetan.

Null pro Tag? Das ist unser Gegenslogan zu „Fünf pro Tag (Gemüse und Obst)"

Gemüse und Obst, pflanzliche Ernährung ist ein Feind der Lebensverkürzung. Trotzdem kann man diesen Effekt – Gott sei Dank – durch Rauchen ausgleichen. Lesen Sie diese Tabelle:

Berechnung für eine 40-jährige Person (Kaaks[20]), Verluste an Lebenszeit (Jahren)

VERLUST AN JAHREN	MÄNNER	FRAUEN
Langzeitraucher, mehr als 10 Zigaretten täglich	9,4	7,3
Schwache Langzeitraucher, weniger als 10 Zigaretten täglich	5,3	5,0
Fettleibigkeit (Adipositas)	3,1	3,2
Starker Alkoholkonsum21	3,1	1,0
Hoher Konsum von rotem Fleisch und Wurst	1,4	2,4
Niedriger Konsum von Obst und Gemüse	1,3	0,8
Gesamtverlust maximal 22	**17,0**	**13,9**

Zugleich wiegt uns diese Studie in falscher Sicherheit, denn die Gefahr besteht, dass sie durch zu viel Gemüse und Obst ihr Krebsprojekt vereiteln. Schuld sind die zahlreichen **sekundären Pflanzeninhaltsstoffe**, die das Leben verlängern und den Krebs schädigen. „Krebszellen mögen keine Himbeeren" – ist die vereinfachte Version.

Aber es gibt Hoffnung, denn der Durchschnittsösterreicher ist intelligent genug, sich nicht an die hirnrissigen Fünf pro Tag zu halten. Wie immer schreibe ich nicht nur so daher, wie der Durchschnittsjournalist, sondern ich kann alles belegen (österreichischer Ernährungsbericht):

„Von der Lebensmittelkategorie Obst und Gemüse sollen täglich fünf Portionen gegessen werden, wobei ideal drei Portionen Gemüse und/oder Hülsenfrüchte und zwei Portionen Obst sind …

Bei Obst erreichen Männer mit 132 bis 147 g im Durchschnitt die Empfehlung zur Aufnahme von zwei Portionen Obst pro Tag (entsprechend 250 bis 300 g) nicht, umgerechnet auf Portionen entspricht dies etwa einer Portion statt der empfohlenen zwei Portionen. Frauen übertreffen die Obstaufnahme der Männer zwar mit 150 bis 220 g, aber auch sie schaffen es nicht, die empfohlenen Mengen zu essen … Ähnlich ist die Situation beim Verzehr von Gemüse: Frauen liegen beim Gemüsekonsum zwischen 206 und 215 g pro Tag, Männer zwischen 200 und 218 g pro Tag, was in beiden Fällen wiederum knapp einer Portion entspricht. Somit erreichen die österreichischen Erwachsenen nur ein Drittel der empfohlenen Gemüsezufuhr."

Fazit: Die berühmte Empfehlung Fünf pro Tag erreicht gerade **10 % der Bevölkerung.**

Good News!

Auf jeden Fall wird **viel zu wenig Fleisch gegessen**. Obwohl bekannt ist, dass **Fleisch ein Karzinogen der Klasse 1** ist, wie die WHO endlich bekanntgab. Ja, die Bevölkerung ist und bleibt unvernünftig. Auch hier gäbe es ein Ideal: Nur noch tierische und keine pflanzlichen Lebensmittel mehr zu verzehren.

Ein letzter Tipp für Ihre Insulinresistenz: Niemals fasten, denn das verlängert das Leben und macht die schönste Insulinresistenz kaputt. Stattdessen möglichst oft essen, sechs- bis siebenmal pro Tag. Das muss gar nicht viel sein, ein Wurstbrot und Coca-Cola, also ein kleiner Snack genügt. Früher, in der schlechten alten Zeit, als die Menschen sich nur drei Mahlzeiten pro Tag – Frühstück, Mittagessen, Abendessen – leisten konnten, waren Fettsucht und „Zucker" signifikant seltener.

Es gäbe noch viel zu berichten, aber der Autor will die geschätzten Leser nicht überfordern. Allerdings will ich euch eine Buchempfehlung nicht vorenthalten.

Angriff der Killerburger – der Verfasser *Morgan Spurlock* hat einen heroischen Selbstversuch durchgeführt.

„30 Tage lang hat sich Morgan Spurlock nur bei McDonald's ernährt – drei Mahlzeiten am Tag. Das Ergebnis: 25 Pfund mehr Gewicht, kritischer Cholesterinspiegel, bedenkliche Leberfettwerte, Verlust der Libido – und Depressionen."

Morgan Spurlock, du bist mein Held!

Unser lieber Freund Alkohol

Unser Helfer und Freund Alkohol ist leider unverlässlich. Gelegentlich lässt er uns im Stich, wirkt statt lebensverkürzend sogar lebensverlängernd. Verräter!

Nur die Dosis macht das Gift – der alte Spruch von *Hippokrates* ist noch immer wahr. Wenn wir unser Ziel Lebensverkürzung erreichen wollen, müssen wir wirklich viel trinken. Ein Glas Bier zu Mittag und ein Glas Rotwein am Abend hat den gegenteiligen Effekt. Warum? Weil es zu moderat ist – dann tappt man in die Falle der *Hormesis*[23]. Was das ist? Eine Erklärung würde zu weit führen. Deshalb verschiebt der Autor diese in die Endnoten in der guten Hoffnung bzw. Gewissheit, dass kein Leser diese liest.

Mit wie viel Alkohol kann man sicher sein, dass man sich selbst schädigt? Ja, das ist auch unklar, ab welcher Dosis man sich der Leberzirrhose sicher sein kann. In meiner Jugend, als ich studierte, hieß es 120 g Alkohol pro Tag seien diese Grenze. Dann wurde das auf 60 g Alkohol pro Tag reduziert. Und schließlich auf noch weniger. Da soll sich einer noch auskennen. Ich habe aber in ausgedehnter Literaturrecherche schließlich den gefährlichsten Bereich der Alkoholmenge pro Tag herausgefunden, der eine maximale Lebensverlängerung nach sich zieht: 15 bis 30 g Alkohol täglich. Diesen Bereich meide wie der Teufel das Weihwasser.

Um sich mit Sicherheit zu schädigen und das Leben zu verkürzen, ist es daher notwendig, viel zu trinken.

Nicht trinken. Saufen! Mehr ist besser!

Zum Glück haben Sie einen inneren Kompass eingebaut:
Hören Sie erst mit dem Trinken auf, wenn Sie den Alkohol so richtig spüren und einen Rausch haben.

Ein Schriftsteller muss trinken, denken sie an *Ernest Hemingway*, *Charles Bukowski* oder *Jack London*. Oder an den Verräter *Stephen King* (Warum Verräter? Weil er jetzt abstinent ist).

Trink, trink, Brüderlein trink, lasse die Sorgen zu Haus' …
Ja Hollodaro! Hollodaro!
Es wird a Wein sein, und wir wern nimmer sein,
D'rum miaß mas Lebn so langs uns g'freut.
'S wird schöne Maderl gebn, und wir werdn nimmer lebn,
Drum greif ma zua, grad iss no Zeit.

Alkohol ist toll. Endlich enthemmt. Das Leben wird leicht. Alkohol reduziert Ängste und erhöht die Risikobereitschaft. Echt männlich!

„Du bist so sexy, wenn du besoffen bist", sagt meine Frau immer zu mir.

Mit ein paar Gläsern könnte ich jede Frau „schön trinken", aber ich bin und bleibe monogam, zurzeit auch impotent. Besoffene Frauen wären leichter zu haben, aber who the hell cares?

Nein, ich bin kein Sexist, das sind Tatsachen.

Ich schließe diesen Kapitelabschied mit den drei Worten: *„Prost! Und Ex!"*

FORTSETZUNG FOLGT

„Sitzen ist das neue Rauchen" – stimmt aber nicht

Wenn Lebensverkürzer obigem Slogan auf den Leim gingen, dann waren sie leichtgläubig. So einfach ist es nicht und jeder Durchschnittsmensch unserer modernen Gesellschaft sitzt locker seine 10 Stunden am Tag, insbesondere wenn er einen Bürojob hat.

„Sitzen ist das neue Rauchen" ist etwas für Medizinjournalisten, die nach einer Woche quer durch die Bank lesen, sich selbst als Experten einschätzen und den nächsten Artikel heraushauen. Verzeihung – es war zu schön, um wahr zu sein.

Dieses wissenschaftliche Statement soll langes Sitzen nicht als eigenen Risikofaktor diskreditieren, aber in Wirklichkeit kommt es darauf an, was er oder sie in den verbliebenen sechs Stunden des Tages anfängt. Warum 6 Stunden? Milchmädchenrechnung für Volksschüler: (24 Stunden = 1 Tag) – 10 Stunden Sitzen – 8 Stunden Liegen (Schlafen) ergibt nach Adam Riese als Differenz sechs Stunden. Wenn sich die fahrlässigen Journalisten nur ein wenig weiter schlau gemacht hätten, dann hätten sie sich auch die wöchentliche Bewegungsempfehlung der WHO angesehen.

Hier muss ich wieder einmal wissenschaftlich werden und die WHO-Empfehlung zitieren.

ERWACHSENE 18–64 Jahre sollen wöchentlich mindestens 150 Minuten „mäßiger" (moderate) körperlicher Aktivität aufweisen (= 3–6 MET)

Und was sind Aktivitäten mit mehr als drei MET?[24]

Ergometer 50 Watt 3 MET; Gehen mit etwa 5 km/h 3,4 MET; langsames Radfahren etwa 4 MET; Sex angeblich 5,8 MET. Über 6 MET: Joggen, Schwimmen, schnelleres Radfahren, Schilanglauf, Basketball, Tennis etc. Vergleiche: Ruhig Liegen 1 MET; Sitzen 1,3 MET; Stehen 1,3–1,6 MET.

Was heißt das?

Ein bisschen Bewegung hält fit. Blödes Spaziergehen! US-Forscher haben diesen gut gemeinten Rat in konkrete Zahlen umgerechnet: Sie empfehlen 3.000 Schritte pro 30 Minuten – und das fünfmal die Woche. Liebe Freunde, das ist aber genau die Schrittzahl, die der Durchschnittsbürger täglich geht (nicht nur fünfmal pro Woche). Was die Journalisten auch nicht messen, so behaupten sie eine tägliche Schrittzahl von 1.000 Schritten.

Die Zeitschrift KURIER (25.10.2011) behauptet:

62 % der Österreicher fahren täglich Auto. 8 % gehen täglich zu Fuß. Die **Gehstrecke der Österreicher** betrug im Durchschnitt 1990 680 m, **2010 560 m**. 560 Meter wären umgerechnet 800 Schritte.

Schwachsinn!

Hätte einer der Journalisten, statt abzuschreiben, nur einen einzigen Tag einen Schrittzähler verwendet, hätte er Bescheid gewusst.

In Ermangelung relevanter österreichischer Untersuchungen biete ich eine Schrittzahl aus einer amerikanischen Untersuchung[25]:

Durchschnittlich geht ein Erwachsener 5.117 Schritte pro Tag.
Umgerechnet sind das[26] **3.582 m**.
Vergleiche andere Länder:
Japan 7.168 Schritte
Canada 8.964 Schritte[27]
Australien 9.650 Schritte[28]
Im Sommer wird mehr als im Winter gegangen.[29]

Ich enttäusche meine Leser nur ungern, aber es ist ein Fakt, dass echter Bewegungsmangel in unserer Zielgruppe unter 70 und vor dem Greisenalter schwer zu verwirklichen ist. Das ist die Aussage dieses Kapitels. Deshalb jeden einzelnen Schritt vermeiden.

Jeder Schritt schadet! Statt Gehen, einen elektrisch betriebenen Rollstuhl verwenden.

Einen weiteren Ausweg gäbe es: Die **Reise ins Weltall**. Die **Schwerelosigkeit** bringt es, die Astronauten altern rascher. Das ist noch besser als Bewegungslosigkeit, jeder Bewegungswiderstand und jeder Trainingseffekt der Muskeln entfällt. Super! Aber zu welchem Preis?

58 Millionen US-Dollar kosten der Hin- und Rückflug zur ISS. Für die Verpflegung fallen täglich weitere 35.000 US-Dollar an. Das läppert sich, denn schließlich wird das Abenteuer für Touristen bis zu 30 Tage dauern. Ja, das werden wir alle uns leider nicht leisten können.

FORTSETZUNG FOLGT

Witze, das Thema Sex und philosophische Gedanken beim Einschlafen

Jack, John und Bob sind im Himmel.

Jack sagt zu John:

„Hier ist es großartig. Ich war noch nie so glücklich. Warum schaut Bob immer angefressen?"

John antwortet:

„Bob war Gesundheitsfanatiker. Er begann jeden Morgen mit einer kalten Dusche, Müsli und einem Zehnkilometerlauf. Trotzdem ist er mit Fünfzig an einem Herzinfarkt gestorben. Deshalb ist er sauer."

Zwei Journalisten wollten Hochbetagte über Ihren Lebensstil interviewen. Sie gingen in ein Altersheim und suchten sich im Garten einen Mann aus, der am ältesten aussah. Er hatte tausende Falten, war völlig gebeugt und wirkte uralt. „Wie haben Sie gelebt, um so alt zu werden?", fragte der eine Journalist, „Zweifellos sehr solid?" „Ganz genau!", antwortete der Alte, „Ich war immer ein Muster an Solidität. Nie bin ich in ein Wirtshaus gegangen, habe jeden Tag gearbeitet, keinen einzigen Tropfen Alkohol getrunken, keine einzige Zigarette geraucht, immer nur kalt geduscht, den Morgen mit Gymnastik begonnen und rohes Gemüse gegessen, niemals etwas mit Frauen angefangen." „Das ist erstaunlich!", sagte der Journalist. „Nicht wahr?!", bemerkte der Alte, „Und wenn Sie so leben wie ich, können Sie auch genauso alt werden!" „Wozu?", fragte der Journalist.

Zwei andere Journalisten, die von der Konkurrenz, wollten gleichfalls Hochbetagte über Ihren Lebensstil interviewen. Sie gingen in ein Altersheim und suchten sich im Garten den Mann aus, der am allerältesten aussah. Er hatte tausende Falten, war gebeugt und wirkte uralt. „Wie haben Sie gelebt, um so alt zu werden?", fragte der eine Journalist, „Zweifellos sehr solid?" „Aber ganz im Gegenteil!", antwortete der Alte, „Ich habe kein Fest ausgelassen,

mit den Weibern habe ich es getrieben, gesoffen bis zum Um-
fallen, geraucht wie ein Schlot" „Das ist erstaunlich!", sagte der
Journalist, „Wie alt sind Sie eigentlich? Neunzig? Fünfundneunzig?" „Was heißt hier Fünfundneunzig?! Ich bin neununddrei-
ßig Jahre alt!!!", war die Antwort. „Aber ich habe die Anleitung
von Missliwetz zur Lebensverkürzung studiert und jeden seiner
Ratschläge umgesetzt!"

Das Problem ist, dass ich nicht weiß, ob Sex ihr Leben verkürzt
oder verlängert.
    Verkürzt Sex das Leben oder verlängert er es?
    Die Datenlage ist widersprüchlich.

Mir wurde es schlussendlich klar, nachdem ich mit dem Hund
beim Tierarzt war und eine der herum liegenden Hochglanz-
broschüren im Wartezimmer las. Auch meine Frau war sofort
begeistert, als sie das sah. Wozu riet die Broschüre?
    Also liebe Geschlechtsgenossen, **Männer**, Ihr wollt einen
Rat, wie Ihr sehr alt werden könnt?

Gerne, hier ist er:

Lasst Euch kastrieren

Die Kastration verlängert nachweislich das Leben, denke ich (es
wird stressfreier oder wie *Bob Marley* schon sagte: *No woman, no cry!*).
Wirklich.
    „Das Alter spielt bei Rüden keine große Rolle, aber kastrier-
te Rüden haben ein geringeres Risiko für Hoden- oder Pros-
tatakrebs. Vor einer möglichen Operation zeigen einige Rüden
unerwünschtes hormongesteuertes Verhalten, z. B. Bespringen
von Menschen und Gegenständen oder sie streunen häufig um-
her. Letzteres kann gefährlich werden, wenn sie bei der Verfol-
gung der Spur einer läufigen Hündin in die Nähe von Straßen
kommen oder sich weit von Zuhause entfernen ..." Ersetzen Sie

das Wort Rüde durch Mann, dann stimmt der Vergleich. Auch Männer bespringen Menschen! Und ein weiterer Vorteil, liebe Männer, der Ihre Besitzerinnen (Gattinnen) erfreuen wird, so sah es meine Frau:

„Viele Besitzer berichten, dass ihre Hunde nach der Kastration ruhiger werden."

Klar, dachte ich, liebe Frau – Ich will aber mein Leben nicht verlängern, sondern verkürzen. Das heißt, heute haben wir Sex und von jetzt an jede Nacht an. Du wirst schön schauen, wenn du bald Witwe wirst!

So weit so gut. Aber dann wartete ich zu allem bereit im Schlafzimmer, während meine Frau duschte. Um die Zeit zu überbrücken, schlug ich eine Illustrierte auf und was las ich?

„**Sex verlängert das Leben**: zu diesem Ergebnis kommt eine US-amerikanische Studie (Caerphilly Cohort Study). Demnach haben Männer, die öfter als zweimal pro Woche zum Orgasmus kommen, eine höhere Lebenserwartung als solche, bei denen dies weniger als einmal pro Monat der Fall ist. Wie das bei Frauen ist, wurde in der Studie nicht untersucht."

Teufel noch einmal, mir verging die Lust augenblicklich. Dann, als meine Frau nackt das Zimmer betrat und sagte: „Also bringen wir es rasch hinter uns", antwortete ich:

„Nein, danke. Ich habe Kopfweh"

Beim Einschlafen philosophierte ich vor mich hin.

Was hat die **Evolution** für uns vorgesehen? Was ist günstiger für *die Erhaltung der Art*, ein kurzes oder ein langes Leben?

In der Biologie gibt es die **disposable soma theory** (*Thomas Kirkwood*). Vereinfacht ausgedrückt hat ein Individuum einer Spezies, wenn es die DNA weitergegeben hat, ihren biologischen Zweck erfüllt und darf abtreten. Darum stirbt Insekt oft, nachdem es sich fortgepflanzt hat, frühes Sterben ist angesagt.

Bei den Menschen wird gerne die **Großmutterhypothese** geäußert. Die von der US-Anthropologin *Kristen Hawkes* entwickelte Hypothese besagt, dass Großmütter früh in der

Menschheitsgeschichte für ihre Enkel sorgten. Verglichen mit anderen Tieren, haben die Kinder von Homo sapiens eine extrem lange Kindheit, weil ihr Nervensystem viel Zeit zum Ausreifen braucht. Ihre Überlebenschancen waren besser, wenn sich Oma möglichst lange um sie kümmern und ihre Töchter entlasten konnte.

Klingt plausibel, denke ich. Junges Steinzeitpaar ist mit 16 geschlechtsreif und pflanzt sich fort. Oma lebt noch einmal 16 Jahre und hilft Tochter bei der Pflege des Enkels, während Opa bei der Mammutjagd hilft. Werden beide 32 Jahre alt, dann sterben Omi und Opi, nicht schlecht. Als ich plötzlich den Denkfehler in dieser Hypothese finde! Unterstellt wird, dass Mama und Oma sich beide um ein Kind kümmern, zwei gegen eins. Aber Oma wird zwischen 16 und 32 nicht auf Sex verzichten, auch Opi nicht. Da kann man noch … Beide werden wild weiterrammeln und am Ende werden beide Generationen mit einem Haufen Kinder dastehen. Keine Frau kann der anderen helfen, Oma Mama nicht und vice versa auch nicht, weil sie mit der eigenen Brut überfordert sind.

Sehen Sie, so ein Blödsinn geht mir im Halbschlaf durch den Kopf, genau so, wie dass der Gedanke, dass die Evolution eine Strategie erfolgt, dumm ist. Es gibt weder einen Plan noch eine Vorsehung oder ein *intelligent design* – *shit happens* und irgendwas passiert eben im Laufe der Naturgeschichte. Hätte nicht auch das Gegenteil geschehen können?

Wieder keine definitive Antwort, ob ein langes oder ein verkürztes Leben besser ist.

Lohnt es sich wirklich, das Leben zu verkürzen?

Wen die Götter lieben, der stirbt jung

Diese goldenen Worte stammen vom griechischen Komödiendichter *Menandros*. Das Zitat gefällt mir, zugleich verunsichert mich, dass dieser *Menandros* Komödiendichter war. Vielleicht stammt der Satz aus einem seiner Stücke und war gar nie ernst gemeint?

Nein, beruhigte ich mich, während ich tiefer und tiefer in mein Kopfkissen sank.

Unser Leben währt siebzig Jahr und wenn's hoch kommt, so sind's achtzig Jahre, und wenn's köstlich gewesen ist, so ist's Mühe und Arbeit gewesen

So heißt es im Psalm 90 und das ist die bittere Wahrheit.

Ich hatte zwar meinen Text über Lebensverkürzung beendet, dachte ich weiter, aber ich bin so müde, verdammt müde. Vielleicht wollen andere ihrem Leben mehr Tage geben. Ich würde lieber in der Zeit, die noch bleibt, den Tagen mehr Leben geben. Nicht nur schreiben und an Texten feilen … Das wirkliche Leben, mit Freunden lachen, fremde Länder sehen, gelegentlich ein Rausch und eine Zigarette, spannende Bücher lesen, Fernsehen mit meiner Frau, mit den Tieren spielen … ich dämmerte vor mich hin … mein letzter Gedanke im Einschlafen war:

Und wenn ich morgen nicht mehr aufwache? … Auch egal …

Fassen wir somit zusammen:

Lebensverkürzung wird der Trend dieses Jahrhunderts werden und dessen Probleme lösen. Die Politiker können sich offen zu diesem Ziel bekennen, was sie von der Mühe entlastet, ständig ihre Wähler zu belügen. Statt Klimaziele zu definieren, die – wie sie wissen – ohnehin nicht erreichbar sind, oder Umweltgifte einzudämmen und die Wirtschaft zu zügeln – im sicheren Wissen, dass die Industrie nicht mehr für sie zahlen würde, wenn sie das ernst nähmen, begänne ein transparenter Diskurs mit dem Volk. Das Sozialsystem wird entlastet. Österreich kann in diesem Zusammenhang von anderen fortschrittlicheren Ländern lernen, so zum Beispiel der Ukraine. Diese gute Möglichkeit zur Lebenszeitverkürzung hat man nämlich übrigens in postsowjetischen Ländern ab den späten 80-ern gefunden: schlechte medizinische Versorgung, Perspektivlosigkeit und Alkoholismus. Bis heute werden die Ukrainer nicht älter als 68 (abhängig auch vom

Geschlecht), was dem Staat natürlich nicht so viel Geld erspart, wie es in Österreich möglich wäre. Die Ukrainer bekommen ja nur ein kleines Taschengeld als Pension. So öffnen sich für unser Land zukunftsweisende, vielversprechende politische Möglichkeiten. Denn wie wir aus dem chinesischen Schriftzeichen gelernt haben: Eine Krise ist zugleich immer auch eine Chance.

Aber auch der Bürger, der Einzelne, wird sich der Lebensverkürzung zuwenden. Sie ist die ultimative Chance, die Freiheit zu verwirklichen und das eigene Leben zu gestalten. Mit Verachtung wird man in weiterer Zukunft auf die Zeit zurückblicken, in der Menschen nicht imstande waren, zumindest das Jahrzehnt ihres Ablebens zu bestimmen und ihre finale Erkrankung eigener Wahl auszuwählen und liebevoll zu umarmen.

Wie so oft ist Lebensverkürzung zugleich Wissenschaft und Kunst. Als *Wissenschaft* kann sie gelehrt und erlernt werden. Das nötige Basiswissen schenkte dir dieses schmale Büchlein. Sie wird an den Schulen im Philosophieunterricht vermittelt werden gemeinsam mit Zigaretten, Joints und Freibier, damit bereits junge Menschen dieses Wissen freudig erlernen. Als *Kunst* fordert sie deinen Beitrag, *10.000 Stunden auf dem Weg zur Meisterschaft.* Fange an, wenn möglich noch heute …

FORTSETZUNG FOLGT

Das nutzlose Bonuskapitel, das gerne jeder überspringen kann: Hüte dich vor den L (wie laufen, lernen, lieben, lachen)

Liebe Leser, ich vertraue, dass ihr die Lebensverkürzung ernst nehmt und umsetzt. Das sagt euch schon eure Selbsterkenntnis. Denn Lebensverkürzung ist der leichte, angenehme Weg; Lebensverlängerung hingegen der schwere und dornige Pfad. Eure Faulheit wird euch helfen, die richtigen Entscheidungen zu treffen. Aber reicht das aus?

„Wenn du dich selbst kennst, doch nicht den Feind, wirst du für jeden Sieg, den du erringst, eine Niederlage erleiden." – sagte uns der chinesische Altmeister *Sun Tse* im Klassiker *Die Kunst des Krieges*.

Lernen wir also den Feind kennen, der Gesundheit und Lebensverlängerung predigt, und seine Kniffe – die L!

Lieben, Laufen, Lernen und so weiter; das allseits beliebte L-Programm

Das allseits beliebte L-Programm, wer hat's erfunden?

Ich beginne chronologisch, als ich den Einfall zu einem anderen Buch hatte (über Antiaging) und Material sammelte, dabei stieß ich auf folgenden SPIEGEL-Artikel (2006):

„Laufen, Lieben, Lesen – Das Fitnessprogramm fürs Gehirn"

Das stand auf dem Titelblatt der Zeitschrift und die Überschrift im Heft hieß:

„Hirn kuriere dich selbst!"

Forscher erkunden einen Jungbrunnen im erwachsenen Gehirn. Geistige Aktivität, soziale Kontakte, aber auch körperliche Bewegung lassen neue Nervenzellen sprießen – was den Geist bis ins hohe Alter flexibel hält. Wenn die Neuronen-Produktion erlahmt, drohen Alzheimer und Depression …"

In dem Artikel geht es um Neurogenese, also die Entstehung neuer Nervenzellen und Verbindungen (Synapsen) im Gehirn.

Neurogenese?

Damit war wieder eine der unumstößlichen Wahrheiten meiner Jugend gefallen (wie viele andere).

Denn ich hatte in der Schule und in der Universität (Medizinstudium) noch gelernt:

Nervenzellen können sich niemals neu bilden!

Sie können nur verloren gehen … was als Zukunftsaussicht auf ein Alter mit möglicher Verblödung hindeutete.

BDNF (Brain derived neurotrophic factor; ein Wachstumsfaktor von und für das Gehirn) und von Stammzellen, davon war damals nicht die Rede.

Im Jänner 2007 besuchte ich einen Vortrag im Wiener Rathaus (Wiener Vorlesungen):

„Vor kurzem gab es im Rahmen der Wiener Vorlesungen einen Vortrag über Perspektiven der Altersforschung, gehalten von Univ. Prof. Dr. *Georg Wick*, dem Preisträger der österreichischen Gesellschaft für Geriatrie und Gerontologie des Jahres 2006. Ich war sehr gespannt, ob ich da neuere, modernere Konzepte für ein gesundes Alter erfahren würde. Schauen (hören) wir uns an, was uns dieser Experte angeboten hat:

Bevor wir uns mit der Pensionsreform oder politischen und sozialen Aspekten des Alters befassen sollten, strich er heraus, müsse man sich mit der Biologie des Alterns auseinandersetzen.

Altern sei ein Prozess, nämlich die zeitabhängige Änderung von Funktionen und Strukturen, verknüpft mit einem gesteigerten Krankheitsrisiko und einem Leistungsabbau. Der Mensch sei so ziemlich das langlebigste Lebewesen (so der Vortragende) mit einer maximalen Lebensdauer von 120 Jahren (ältester Mensch bisher Jeanne Calment), mehr wäre nicht möglich. Mechanismen im Sinne einer „inneren Uhr" (für die Interessierten: Abbau der Telomeren und programmierter Zelltod = Apoptose, eine Art Suizid der Zelle) würden dafür sorgen, dass diese Spanne nicht überschritten werde. Während es bisher keine reale Möglichkeit gebe, die einem genetisch zugeteilte Lebenszeit zu überschreiten, gebe es viele Möglichkeiten, sie zu verkürzen, insbesondere durch (die bekannten Alters-)Erkrankungen. Rauchen – wie immer das viel zitierte Beispiel – verkürze das Leben um 10 Jahre. Der genetische Einfluss auf die Lebenserwartung betrage 30 %, der Einfluss des Lebensstiles sei doppelt so groß! Daher ist entscheidend, wie wir leben.

Nun seine Empfehlungen (zunächst wörtlich aus dem Programm):
„Lieben, Laufen, Lernen!" ist das Rezept für ein erfülltes und gesundes Altern:
Lieben = Seele und steht für Partnerschaft/Erotik, Familie/Freunde/Geselligkeit, (weiterhin) da sein für andere … d. h. auch Miteinander der Generationen
Laufen = Körper und steht für auch Bewegung, Bewusstsein des Körperlichen, gesunde Ernährung, Naturverbundenheit
Lernen = Geist und steht für neugierig sein/bleiben, offen für die sich ständig verändernde Welt, bereit für das Neue, umlernen, Aufgabe erworbener Vorurteile.

ZITATENDE

Folgende mündliche Ausführungen des Vortragenden halte ich als Ergänzungen hier für sinnvoll:
Das Altern ist zwar von der Genetik vorgegebenes Schicksal, aber die Umwelt (insbesondere die selbst gestaltete Umwelt = Lebensstil) löst die Prozesse aus. Das hat er mit einem eindrucksvollen englischen Satz verdeutlicht: Genetics load the gun, but environment pulls the trigger.
Mit Laufen ist nicht Jogging auf Asphalt gemeint, was für die Arthrosen (Gelenksabnützung) der Alten schlecht wäre, sondern Bewegung überhaupt. Von den über 60-jährigen bewegen sich nur 5 % mehr als 4 Stunden in der Woche (bei den Jüngeren sind es auch nicht viel mehr – mein Kommentar).
Das immer angeführte „permanente Lernen" wäre ein Witz, wenn man es von Menschen forderte, die an grauem Star und Demenz leiden. Gesundheit ist die erste Voraussetzung dazu, dann erst wird es möglich.

So weit dieses Programm, ich hoffe ich habe es ausreichend und korrekt wiedergegeben. Ich möchte es Ihnen schon deshalb nicht vorenthalten, weil es von einem Experten der Altersforschung stammt. Ich hoffe, Sie können es für sich verwerten. Außerdem werden wir auf alle der angesprochenen Punkte in unserem weiteren Text zurückkommen …"[30]

Inzwischen ist die Zahl der L-Empfehlungen explodiert. Ich kann nicht feststellen, wer der erste mit „der L-Idee" war.

Dafür stoße ich auf eine lustige Quelle, „Dinge, die man jeden Tag macht"[31] mit L:

„Labern, Lachen, Langweilen, Laufen, Leben, Lecken, Lernen, Lesen, Liebe, Liebe machen, Lieben, Lieder singen, Liegen, Luft atmen, Luft holen, Lustig sein, Lutschen, Lächeln, Lügen, Lümmeln, Leiden, Löffeln, Lästern, Lauschen, Licht anmachen, Labbern, Lüften, Lutscher lutschen, Lieder hören, Luft einatmen, Lungern, Lange schlafen, Licht anschalten, Langeweile haben, Lecker essen, Licht an, Leise sein, Lallen, Lauch essen, Lispeln, Lunzen, Lulu, Licht an machen, Lolli lutschen, Liegen im Bett, Lullern, Lippen lecken, Latschen, Lachs buttern, Laut sein, Lollis lutschen, Lulu machen, Licht einschalten, Lampe anmachen, Luftholen, Lampe anschalten, Lippen bewegen …"

Eine Inflation von L!

Spaß beiseite, gleich danach finde ich Folgendes:

OSTSEEZEITUNG 11.04.2016

Mehr als 150 Mediziner aus dem Nordosten kamen am Freitagnachmittag zu den 11. Usedomer Ärztetagen ins Kölpinseer Strandhotel „Seerose", um sich zwei Tage lang über neueste Behandlungsmethoden und wissenschaftliche Entwicklungen zu informieren und auszutauschen. Das Spektrum der Themen war groß …

Mit dem Älterwerden und neuesten Erkenntnissen der Hirnforschung beschäftigte sich Prof. Dr. *Martin Korte*[32] von der TU Braunschweig. Er machte deutlich, dass die vielfältigen digitalen Möglichkeiten die Gefahr bergen, dass der Mensch die Informationsflut nicht mehr verarbeiten kann. Zu viele Infos würden das Denken stören, so Korte. Multitasking, vor allem im Alter, schaffe Stressmomente. Der Wissenschaftler ging darauf ein, dass das Gehirn bereits ab dem 25. Lebensjahr des Menschen altere und das Arbeitsgedächtnis nachlasse. Um lange im Kopf jung zu bleiben, empfahl er: Lernen, Laufen, Lieben, Lachen. Alles, was gut für das Herz sei, sei auch gut für das Gehirn …"

Hoppla, aus drei L sind jetzt 4 L geworden.

Und wer hat das „Urheberrecht?

Ich werde immer mehr verunsichert.

Kabarettist *Bill Mockridge* findet den „ultimativen Jungbrunnen" (14.5.2015) – Er schrieb ein Buch „Je oller, je doller: So vergreisen Sie richtig" und gibt dann im Theaterschiff in Bremen den „ultimativen Jungbrunnen bekannt:

Laufen, lernen, laben, lachen und lieben

Im ersten Moment unterläuft mir eine Fehlleistung – ich lese „Labern".

Es steht aber „laben" dort.

Was zum Teufel ist laben?

Das Internet belehrt mich – Laben

schwaches Verb – GEHOBEN

1. mit Speise oder Trank erquicken, erfrischen

„jemanden mit einem kühlen Trunk laben"

2. sich [an etwas] gütlich tun

„sich am Champagner laben"

Also das ist gemeint?

Kaum weiß ich, dass Mockridge das Laben „gefunden hat", tauchen wieder Zweifel auf:

„50 Jahre Fachkompetenz in der Altersmedizin
Johanniter-Krankenhaus: Prof. Jacobs und Team feierten Jubiläum
Bonn, 21. September 2015
Prof. Dr. *Andreas Jacobs* warb für die umfangreichen Behandlungs-
möglichkeiten der Altersmedizin.
Über 32 Jahre besteht die geriatrische Medizin am Johanniter-
Krankenhaus Bonn, 15 Jahre die Tagesklinik und seit drei Jahren
auch die Neurologie: Damit kann das Haus auf genau 50 Jahre
Fachkompetenz in der Altersmedizin verweisen. Ein Jubiläum,
das jetzt in Anwesenheit von vielen Weggefährten – darunter
der frühere Chefarzt Prof. Dr. Walter Möbius – sowie internen
und externen Partnern gefeiert wurde.

„Unser Ziel ist es, in Zusammenarbeit mit allen weiteren Fach-
abteilungen des Hauses ein hohes Maß an Selbständigkeit und
Lebensqualität für die Menschen zu erreichen", sagt Chefarzt
Prof. Dr. Andreas Jacobs, der die Altersmedizin seit 2012 leitet.
Im Mittelpunkt stehen Menschen mit einer Kombination aus Al-
terserkrankungen, die den Alltag des Betroffenen einschränken.
Dazu gehören u. a. Erkrankungen an Gehirn, Herz und Kreislauf,
Knochen und Gelenken mit daraus resultierender Gebrechlich-
keit oder der Verlust von Fähigkeiten wie Gehen, Sehen, Grei-
fen oder Hören. Auch Gedächtnisstörungen oder Inkontinenz
spielen eine immer größere Rolle.
    „Laufen, Lernen, Lieben, Lachen, Laben – diese fünf Lebens
L's dienen uns als Grundlage im Umgang mit den Patienten", erklärt Prof. Dr. Jacobs."

Dieselbe Kombination wie oben finde ich im Internet aber auch
in „Altersmedizin" von Prof. Dr. *Hanna Liese*.

Gleich drauf wieder L:
    „Jeder möchte lange leben, aber keiner alt werden" ist so eines.
Oder: „Die Kunst des Lebens besteht darin, jung zu sterben und
das in hohem Alter." Sie ließen auch die Mini Med-Studenten
im Panoramasaal des LKH Feldkirch schmunzeln. Und das war

gut so. Denn die Tatsachen, die OA Dr. *Bernhard Schwärzler* dann auf den Tisch legte, erwiesen sich als zum Teil weniger lustig.

Ungeschönt erklärte der im LKH Hohenems tätige Internist, was fortgeschrittene Lebensjahre an Einschränkungen bringen können. Gleichzeitig motivierte sein Vortrag dazu, sich mit dem Altern im positiven Sinne auseinanderzusetzen …

Als beste Demenzprävention, die ebenso fürs Altern gilt, legte Schwärzler den Besuchern einfach „Lachen, lieben, laufen und lernen" ans Herz. Und er verriet ihnen sein persönliches Rezept für ein erfolgreiches Altern: „Dreimal pro Woche mit Freunden etwas unternehmen, einmal pro Woche an einem Spieleabend teilnehmen, regelmäßig zur Vorsorge gehen und ein Abendessen mit Fisch, Gemüse und einem Achtel Rotwein genießen." Quelle Vorarlberger Nachrichten 29.3.2014

Das mit dem Gemüse und dem Rotwein gefällt mir, aber Fisch scheidet für mich aus (Ich bin Vegetarier).

Zeitgleich 2014 entdeckt auch die Steiermark das Erfolgsrezept der L.

„Das Projekt „Laufen – Lachen – Lernen" bietet 16 steirischen Vorschulklassen die Möglichkeit, im Schuljahr 2014/15 an der Projektumsetzung teilzunehmen." – Nestelbacher Gemeindezeitung Dezember 2014

Meine Verwirrung steigt, zusammen mit meiner Verunsicherung.

Ich hatte gedacht, dass L-Programm wäre etwas für alte Menschen; jetzt erfahre ich, es findet in der Vorschule statt. Man kann nie früh genug beginnen, richtig.

Aber ist ein Alter von fünf bis sechs Jahren für Altersprävention nicht etwas früh?

Das ist das Problem mit zu viel Recherche (ein Problem, das die meisten Journalisten vermeiden).

Was soll ich glauben?

Ich verwerfe eine Internetquelle, die behauptet, *Arthur*, ein sechsundneunzigjähriger Mann und Bekannter des Verfassers hätte „Lernen, Lachen, Lieben – die drei großen L als Lebensmotto" erdacht. Das halte ich für erfunden.

Und mit den drei, vier oder fünf L ist es auch nicht genug.

Ein fünftes L wird gefunden bzw. erfunden.

Denn was fehlt in der L-Liste?

Die Ernährung!

Und die hat zweifellos große Auswirkung auf Gesundheit und Alter(n).

Ich finde eine Website einer Dermatologin (Dr. *Lissette Gehrke*) und ihr fünftes L heißt Low Insulin

Einem ähnlichen Einfall folgt der Wiener Internist und Onkologe Univ.Prof.Dr. *Heinz Ludwig*[33]. Er ergänzt mit Leichter Essen.

War das alles? Nein, das Thema liegt nicht nur Ärzten am Herzen.

Der Tübinger Philosoph *Ottfried Höffe* schreibt ein Buch *Die hohe Kunst des Alterns. Kleine Philosophie des guten Lebens*[34]. Er zitiert (im Gegensatz zu den meisten anderen) Wick und blickt über die Medizin hinaus (wie es einem Philosophen ansteht). Über *Boëthius, Cicero, Voltaire, Schopenhauer, Jakob Grimm, Bloch* gelangt er in die Jetztzeit und entwickelt so nebenbei eine „Ethik der Gerontologie".

Sein Rezept, wieder einmal, die klassischen vier L: Laufen, Lernen, Lieben und Lachen.

„Alle vier Tätigkeiten sind für sich selbst sinnvoll und machen, sachgerecht und individuumgerecht betrieben, Freude. Die Philosophie spricht von innerem, intrinsischem Wert, zu dem sich freilich ein äußerer Vorteil, ein Zusatznutzen zugesellt: Die vier L's arbeiten der Altersschwäche entgegen, indem sie sie in die fernere Zukunft verschieben."

„Das erste L, das Laufen, meint Aktivitäten des Bewegungsapparates ... Zusätzlich lenkt das Laufen von Ärger und beruflichem Stress ab, greift also in das vierte L über ... Bewegung schafft ein wahrhaftes Anti-Aging ... Nicht anders verhält es sich beim zweiten L, dem Lernen, denn Bildung ist einer der wirksamsten Wege, nicht unnötig rasch zu altern ... Zusätzlich entgeht man der Langeweile und Einsamkeit ... Beim dritten L, dem Lieben, geht es um den bunten Strauß von Sozialbeziehungen, die bei der Partnerschaft beginnen, sich in Verwandtschafts- und Freundschaftsbeziehungen fortsetzen und bei der Mitwirkung in Sportvereinen, Orchestern, Chören und Wandergruppen nicht enden. In all diesen Formen pflegt man die wichtigste Quasi-Tugend, die Freundschaft, und arbeitet, in angemessenem Ausmaß, dem Altwerden entgegen. Denn Anerkennung und das Gefühl, geliebt zu werden, wirken stärker als viele Arzneimittel ... Der Gefahr, statt heiter gelassen lieber stur, rechthaberisch und verbittert zu werden, steuert das vierte L entgegen, das Lachen, das für die emotionale Seite des Menschen, Entspannung, Lebensfreude und Lebenslust steht."

Was ich, der Autor, von den L halte?

Das ist ein *Labern*, nur das bloße Gelaber von Pseudoexperten, die *Lulu ins Bett* machen, das unser gemeinsames Projekt, die Lebensverkürzung, nicht wirklich gefährden wird.

Ja, mehr sage ich nicht, **weil ich keine L(ust) dazu habe**.

DIE LETZTE FORTSETZUNG FOLGT

Schlusswort

Das wars, liebe Leser, Leserinnen nicht zu vergessen.

Hoffentlich habt ihr gemerkt, dass ich das mit der Lebensverkürzung nicht ernst meinte. Streckenweise zumindest. Die Idee zum Buch verdanke ich erstens *Paul Watzlawick* und seiner *Anleitung zum Unglücklich sein*. Zweitens verdanke ich die Idee auch dem Einfall, der mir plötzlich im Halbschlaf am Morgen des 24. April 2021 kam. Ich hörte eine Stimme, die sinngemäß sagte:

Seit 2008 bemühst du dich, ein Buch über Gesundheit und Langlebigkeit zu schreiben. Schreibe alles wieder und wieder um – sagtest du dir. Aber keinen, dem du das Manuskript gabst, interessierte es eine Bohne. Das Thema lockt keinen Hund mehr hinter dem Ofen hervor. Du musst es komplett anders angehen!

Ein Schul- und Klassenkollege, Erwin P, war verstorben. Dann geschah folgendes:

Ich war bei einem Fest, so wie etliche andere Leute. Im Treppenhaus sah ich plötzlich Erwin P. Ich beschleunigte meine Schritte, um das Missverständnis seines Todes aufzuklären, holte ihn am Treppenabsatz ein.

„Ich habe eine SMS erhalten, dass du gestorben bist – sagte ich.

„Ja, das habe ich auch gehört", antwortete er.

Wie ist das zu erklären?

Sehr leicht, liebe Leserin, das habe ich geträumt. Nun bleibt mir nichts anderes übrig, als den Trauminhalt zu deuten.

Der Traum ist eine Wunscherfüllung – das hat uns bereits *Sigmund Freud* erläutert.

Mein Wunsch war offenbar, dass Erwin P nicht verstorben war. So verleugne ich seinen Tod und lasse ihn im Traum weiterleben.

Das ist die erste und sehr oberflächliche Deutung. Ich realisiere zwar nicht, dass Erwin tot ist. Seine Antwort allerdings schürt in mir den Verdacht, dass er sehr wohl über seinen Zustand Bescheid weiß

„Ja, das habe ich auch gehört"

Wie nahe stand ich Erwin? Nicht besonders – so beantworte ich die Frage, die ich mir selbst stellte. Warum dann dieser Aufwand, um seinen Tod aus der Welt zu schaffen? Ich vermute, dass er nur ein Stellvertreter ist, für einen oder eine andere steht, vielleicht gar für mich selbst. Sollte das die Antwort meines Unbewussten auf meinen letzten Gedanken vor dem Einschlafen sein, mein Kommentar zu: *Und wenn ich morgen nicht mehr aufwache? … Auch egal*

Das Leben als Fest. Erwin musste es früher verlassen als ich, er hatte eine andere Verabredung. Will mir mein Unbewusstes mit dieser Trauminszenierung zeigen, dass *das Leben ein Fest ist, das man fest-halten sollte* … nicht kürzen oder verkürzen?

Das Leben ist ein Fest (Originaltitel: Le sens de la fête), eine französische Filmkomödie – fällt mir ein. Was bedeutet Fest? Es ist eine Metapher. Weitere Metaphern kommen mir in den Sinn: Das Leben ist wie eine Rolle Klopapier. Unterschiedlich lang und beschissen. Oder: Das Leben ist eine Reise. Oder ist das alles nur der übliche Psychoscheiß, der mir durch den Kopf geht?

Lebensverkürzung gibt es und ein Drittel meiner früheren Schulkollegen wählte bereits diesen Weg. Oder hatte der Weg sie gewählt?

An den Scheidewegen des Lebens stehen keine Wegweiser – (ein Jakobswegzitat)

Lieber Leser, heute ist dieser Scheideweg für dich da und du hattest einen Wegweiser, nämlich meine Anleitung, die du entweder zur Verkürzung oder zur Verlängerung deines Lebens gebrauchen kannst. Deine Wahl!

Unser Unbewusstes ist das „Kind in uns" und macht unsere Träume, unser Ich ist der innere „Erwachsene"[35]. Unser Unbewusstes versteht den Tod nicht.

„Gestorben sein heißt für das Kind, welchem ja überdies die Szenen des Leidens vor dem Tod zu sehen erspart wird, so viel als „fort sein", die Überlebenden nicht mehr stören. Es unterscheidet nicht, auf welche Art diese Abwesenheit zustande kommt, ob durch Verreisen, Entlassung, Entfremdung oder Tod …" – lese ich – „Wer so spricht, erwägt nicht, dass die Vorstellung des Kindes vom „Totsein" mit der unsrigen das Wort und dann nur noch wenig anderes gemein hat. Das Kind weiß nichts von den Greueln der Verwesung, vom Frieren im kalten Grab, vom Schrecken des endlosen Nichts, das der Erwachsene, wie alle Mythen vom Jenseits zeugen, in seiner Vorstellung so schlecht verträgt."[36]

Wie kommt es, dass viele Menschen lustvoll ihr Leben verkürzen, während andere dieses um jeden Preis verlängern wollen?

Vielleicht weil in unseren Leben, in dem Tanz zwischen Unbewussten und Bewusstsein, bei dem einen mehr das „innere Kind", beim anderen mehr „der Erwachsene" überwiegt?

Während ich diese Erklärung konstruiere, kommt mir der Zweifel. Selbsterhaltung ist ein Trieb, aber ist er neben Eros/Sex der einzige? Das hatte der *frühe Freud* gedacht und die Selbsterhaltung als Ich-Trieb definiert.

Der *späte Freud* hatte es verworfen und dem Eros den Gegenspieler **Thanatos** gegenübergestellt. Gibt es einen **Todestrieb**? Verkürzt Thanatos unsere Leben, indem er unser Verhalten steuert? Ist der Tod nicht nur das Ende des Lebens, sondern dessen Ziel?

Ich weiß es nicht.

Doch nicht wahr, das war nicht das Schlusswort – stattdessen: Vom Saulus wurde ich zum Paulus

Saulus war ein gesetzestreuer Jude, der die ersten Christen mit aller Härte verfolgte. Dann, eines Tages auf dem Weg nach Damaskus: Er hatte eine Vision, in der ihm Jesus erschien. Saulus stürzte von seinem Pferd und erblindete drei Tage lang. Daraufhin änderte sich sein Leben vollständig. Das ist die bekannte Bibelgeschichte.

Was hatte ich vor, als ich diesen Text zu schreiben begann? Eine **paradoxe Intervention**. Darunter versteht man verschiedene psychotherapeutische Methoden, die in scheinbarem Widerspruch zu therapeutischen Zielen stehen, die aber tatsächlich dafür entworfen sind, diese Ziele zu erreichen. Viktor Frankl hatte damit begonnen und Paul Watzlawick das Verfahren verfeinert. Ich wollte einem Judotrick gleich die krank machenden Gewohnheiten des Lesers durch Übertreibung und Ironie gegen ihn wenden, um ihn zu einem gesünderen Lebensstil zu motivieren.

Dann fiel ich vom Pferd – eine Metapher.

Es kamen COVID-19, das SARS-CoV-2-Virus und **in Österreich die** neue **Zeit der „Zeugen Coronas"**, die über Angst und mediale Hysterie **mein** und unser **Land spaltet**. Systematisch wurde das **neue Feindbild** gestaltet: Die **Ungeimpften**, zu denen ich zähle.

Maskenpflicht, PCR-Test, 2G- und 3G-Regeln sowie Lockdown sind Bestandteile des Alltags, bürgerliche Freiheiten werden suspendiert, der Befreiungsschlag durch gesetzlichen Impfzwang ab 1. Februar 2022 wurde ausgerufen, dem sich nur Schwurbler, CovIdioten, Wissenschaftsfeinde und Wirrköpfe widersetzen wollen. Es wurde zum Impfpflichtgesetz.

Wöchentlich nehme ich derzeit an Demonstrationen teil, der ich doch unter unbefristetem Hausarrest der Ungeimpften stehe.

Wer oder was bin ich, der diese Unruhe erzeugt? „… Keine einfache Situation, *wenn Staatsverweigerer, Demokratiefeinde, Neonazis und Neofaschisten in unseren Städten herumspazieren …"*, wie unser Vizekanzler Werner Kogler uns zu verstehen gibt. Jetzt wissen Sie es – diesen Text hat ein Neofaschist verfasst.

In drei Monaten hat unser Land Bundeskanzler ausgewechselt wie schmutzige Hemden und wenn ich in unser Wohnzimmer zurückkomme, sage ich zu meiner Frau:

„Schatz, ich war kurz auf dem Klo. Wer ist jetzt der neue Kanzler?"

Die Bundesregierung?

Es gilt die Unschuldsvermutung.

Auf dem Weg in eine „Gesundheitsdiktatur" und den Totalitarismus stelle ich fest, dass Gesundheit nicht mehr als mein höchster Wert zählt. Stattdessen plädiere ich jetzt für Freiheit, das Recht auf den eigenen Körper und die Menschenwürde.

Menschen, Freiheit, Grundrechte – MFG

Die Würde des Menschen ist unantastbar – so heißt es im Deutschen Grundgesetz, um das ich meine nördlichen Brüder in der Sprache beneide.

Wir Österreicher haben kein Grundgesetz, sondern ein Sammelsurium von Gesetzestexten, deren Summe als **Verfassung** bezeichnet wird. Deren „Verfassung" ist zurzeit schlecht.

B-VG Artikel 1. Österreich ist eine demokratische Republik. Ihr Recht geht vom Volk aus.

Der erste Artikel unserer Verfassung beginnt mit dieser schönen Lüge, denn das Gesetz geht vom Nationalrat aus, dessen Vertreter ich nicht wähle, sondern die von politischen Parteien erwählt werden.

Ich kann alle paar Jahre meine Stimme abgeben, das heißt in einem Kästchen ein Kreuzchen bei einer sinnentleerten Buchstabenkombination setzen … das war es.

„Geben Sie uns Ihre Stimme. Sie brauchen sie dann nicht mehr für die nächsten vier Jahre."

Jetzt sehe ich meinen Text nuancierter – Selbstbestimmung und Freiheit et cetera stehen über dem Wert der Gesundheit.

Daher finde ich es nicht mehr dumm, sich mit der eigenen Krankheit augenzwinkernd zu arrangieren, immer wieder ein Äuglein zuzudrücken, sie in friedlicher Koexistenz sogar ein wenig lieben zu lernen. Das ist sogar ein bisserl charmant – so wie wir Österreicher es eben sind. Tu felix Austria!

Liebe Leserin, lieber Leser – Sie haben die Wahl, entscheiden Sie sich für ein wenig mehr oder für etwas weniger Gesundheit. Sie sind der Chef und haben das Sagen. Irgendetwas geht immer – so sagt man bei uns in Wien – irgendwie rutscht man so durch.

Ich habe gerne mit Ihnen geplaudert … Wir Österreicher sind höflich, das wissen Sie doch? Dass wir es aber nicht so (= höflich) meinen, wussten Sie das auch?

Die wienerische Verabschiedung ist der typisch deutschen sehr ähnlich, mit einem kleinen Unterschied: Statt „Auf Wiedersehen" sagt man in Wien „Auf Wiederschauen" oder kurz „Wiederschaun". Unter Freunden sagt man meist „Baba", was „Babaaa" ausgesprochen wird und total süß klingt.

Es ist an der Zeit, sich zu verabschieden.
Liebe Leserin, ich sage zu dir *Bella Ciao* …
Lieber Leser, ich sage zu dir *Servus* …

So das wars – sag zum Abschied, leise Servus.
Nicht Lebwohl und nicht Adieu
Diese Worte tun nur weh
Doch das kleine, Wörterl, Servus
Ist ein lieber letzter Gruß
Wenn man Abschied nehmen muss
Es gibt Jahraus Jahrein
Ein neuen Wein und neue Liebelein
Sag beim Abschied leise Servus
Und gibts auch kein Wiedersehen
Einmal wars doch schön

Wenn ihr's nicht erkannt habt – macht auch nichts. Das war ein Lied, das Peter Alexander und Hans Moser gesungen haben. Ich singe es euch nicht vor, weil meine Singstimme treibt jeden in die Flucht oder in den Wahnsinn. Stattdessen die Frage:

Hat es euch gefallen?

Wenn ja – ihr habt Urteilsvermögen und guten Geschmack bewiesen.

Wenn ihr mit einem Nein antwortet und dem Kommentar: „So ein Blödsinn!"

Dann antworte ich:

„Na und? Was interessiert mich mein Geschwätz von gestern?"

Buenas noches y si Dios quiere volver a vernos o leernos[37]

KEINE FORTSETZUNG FOLGT MEHR – FINIS OPERA
(Oder hieße es FINIS OPERIS – zu deutsch „Feierabend"?)

Johann Missliwetz
Wien, am 18. 12. 2021 und schließlich im März 2022

Endnoten

1 Dieses Buch ist der „Anleitung zum Unglücklichsein" von Paul Watzlawick nachempfunden und als dessen Hommage zu verstehen. Daher habe ich im Anfangsteil stellenweise seinen Text übernommen, aber das Wort „Unglück" durch den Terminus „Lebensverkürzung" ersetzt. Dadurch erhält der Text anderen Charakter und Sinn. Ein Plagiat liegt nicht vor, ich weise auf meine Quelle hin!

2 Laut Gesundheit in Wien 2001, Vienna Health Reporting

3 Bluthochdruck macht in der Regel keinerlei subjektive Beschwerden, bei einigen Patienten gelegentlich Kopfschmerzen

4 Dafür gibt es unterschiedliche Gründe: Einige sehr naive Patienten nehmen ihre Tabletten (ev. nur bei Beschwerden), stellen fest, dass der Blutdruck „in Ordnung" ist und hören mit der Einnahme auf (in der irrigen Annahme, dass der Blutdruck nicht mehr ansteigen wird). Manche verweigern die Einnahme wegen Nebenwirkungen, z. B. Männer Betablocker wegen Potenzstörungen. Hier wäre die Strategie, kurz abzuwarten (manchmal ist dies nur bei Beginn der Therapie), sonst auf andere Medikamente umzusteigen. Schließlich ist auch ein Grund für Therapieabbruch eine geringe Verschlechterung des Allgemeinbefindens. Der Hypertoniker „spürt" seinen Bluthochdruck nicht, ihm fällt aber der medikamentös gesenkte Blutdruck auf, z. B. durch Schwindelattacken. Dann beendet er (unsinnigerweise) die Tablettenzufuhr, hier müssten die behandelnden Ärzte besser informieren.

5 Aus meinem Pathologiebuch. Böcker, Denk, Heitz, Moch: Pathologie; Urban & Fischer, 4. Auflage

6 Angelina Jolie ist auch Lara Croft (die vom Tomb Raider) und eine bekannte, bildhübsche Schauspielerin in Hollywood. Ich nehme an, das wussten Sie bereits. Vielleicht haben Sie den Rest in der Zeitung gelesen, nämlich dass bei der Schauspielerin in einer Genanalyse das

BRCA1-Gen nachgewiesen wurde. Dieses Gen führt mit 86-prozentiger Wahrscheinlichkeit zum Auftreten von Brustkrebs in den Dreißigern. Und zehn Jahre später folgt ein Eierstockkrebs. Aber der Krebs hatte bei Angelina keine Chance – sie ließ sich die Zielorgane prophylaktisch wegoperieren. 2013 beide Brüste, 2015 die Eierstöcke.

Eine schwere Entscheidung, die auch für entsprechende Schlagzeilen sorgte.

Somit war die Lebenserwartung von Angelina Jolie nicht zu 20 %, sondern zu 86 % von ihrer Genmutation determiniert. Und es hätte auch eine Alternative gegeben: Verzicht auf diese Operationen und es darauf ankommen zu lassen, ob sie das Glück gehabt hätte, zu den vierzehn Prozent der Frauen zu gehören, die diese beiden Krebstypen nicht bekommen.

Der SPIEGEL berichtete 2013, dass sich laut Auskunft des Universitätsklinikum Köln bereits 20 % der Hochrisikopatientinnen operieren lassen.

Die Entscheidung trifft immer die Patientin, nachdem ihr die Zahlen genannt und die möglichen Folgen mitgeteilt wurden, nicht Ärztin oder Arzt. Die Genetik – das sehen wir also – spielt eine unterschiedlich große Rolle.

Kann Sie eine noch größere Rolle spielen? Hundert Prozent?

Sicher – schon einmal von der **Chorea Huntington** gehört?

Was schreibt darüber ein Online-Medizinportal?

„Chorea Huntington ist eine genetisch bedingte und autosomal-dominant vererbte Erkrankung des Gehirns, die mit fortschreitenden Bewegungsstörungen und kognitiven Einschränkungen (Demenz) sowie Verhaltensauffälligkeiten verbunden ist. Die Erkrankung tritt selten auf, sie betrifft 7–10/100.000 Menschen, wobei Männer und Frauen gleichermaßen betroffen sind. Die Therapie besteht aus symptomatischen Maßnahmen."

Was schreibt diese Quelle nicht?

Dass die Diagnose ein Todesurteil ist, es gibt keine Rettung.

Das bedeutet der schöne Satz: Die Therapie besteht aus symptomatischen Maßnahmen.

Dahinter steckt ein Gen. Wie Sie vermutlich schon gehört haben, besteht der genetische Code darin, dass die enthaltenen Aminosäuren dem Körper anzeigen, welches Eiweiß er zu synthetisieren hat. Die aus dem Triplett CAG resultierende mRNA codiert für die Aminosäure Glutamin. Das mutierte Huntington Gen besitzt also mehr als die übliche Anzahl an aneinandergereihten Glutamin-Resten.

Oder einfacher gesagt: Ein genetischer Schreibfehler. Dort wo CAG stehen soll, steht CAGCAGCAGCAGCAGCAG-CAH etc. Und je öfter es dort steht, in Ihrer DNA, desto rascher verläuft die Erkrankung.

Und wie kommt man zu diesem „Fehler"?

Durch Vererbung von einem betroffenen Elternteil, die Wahrscheinlichkeit der Vererbung ist fünfzig Prozent. Die Krankheit beginnt etwa mit vierzig, als Kind konnten sie also dem Elternteil beim Sterben zusehen.

Und jetzt entsteht folgende Situation:

Eine Genanalyse verschafft Ihnen Gewissheit, ob Sie Genträger sind, was nichts anderes heißt, als irgendwann daran zu sterben, oder ob Sie „normal" sind.

7 https://www.furche.at/autor/kurt-appel-2970897 - DIE FUCHE, 28. Mai 2020

8 Gastautor Markus Gabriel, FOCUS Online 8.5.2020. https://www.focus.de/gesundheit/news/philosoph-markus-gabriel-zu-covid-19-wir-brauchen-eine-neue-aufklaerung_id_11966626.html

9 DER STANDARD 3.11.2020; https://www.derstandard.at/story/2000121381839/philosoph-markus-gabriel-der-tod-einiger-ist-der-preis-unserer

10 Dominik Umberto Schott; https://www.facebook.com/Dominik-Umberto-Schott-393439401133381

11 Siehe WIKIPEDIA

12 Siehe Nachrufe auf GOOGLE oder YouTube, wenn man den jeweiligen Eigennamen und „R.I.P." eingibt.

13 Peter Lindinger: Lust und Last des Rauchens. Fischer Taschenbuch 2004

14 Quelle: Marquard und Schäfer: Lehrbuch der Toxikologie. 2004 Wissenschaftliche Verlagsgesellschaft mbH Stuttgart

15 Franz-Xaver Reichl: Taschenatlas der Toxikologie. Thieme 2002.

16 Zitat Torberg aus ÖÄZ. Torberg war ein österreichischer Schriftsteller. 16.9.1908–10.11.1979. Romane: Der Schüler Gerber; Die Tante Jolesch u. v. a.

17 Kessler I, Diamond E: EPIDEMIOLOGIC STUDIES OF PARKINSON'S DISEASE: I. SMOKING AND PARKINSON'S DISEASE: A SURVEY AND EXPLANATORY HYPOTHESIS. Am J Epidemiology 94, 16; 1971

18 Ott et al, Lancet 1998

19 Graves et al Int J Epidemiol 1991 und Lee, Neuroepidemiology 1994

20 Daten von Rudolf Kaaks, Deutsches Krebsforschungszentrum, Lebensstildaten von 25.000 Deutschen aus mehr als zwanzig Jahren

21 Mehr als vier alkoholische Getränke bei Männern täglich; bei Frauen mehr als eins täglich

22 Keine Addition!

23 **Alkoholkonsum und Lebenserwartung: Die J-Kurve (Hormesis)**

Ja, die US-Studie bestätigt, was wir schon lange wissen: Menschen, die etwas Alkohol trinken, leben länger als komplette Abstinenzler, die gar keinen Alkohol trinken. Das gilt nicht für Säufer, sie verlieren statistisch durchschnittlich 20 Lebensjahre.

Einschub Hormesis

Mit der Auswahl der richtigen Reize hat das Prinzip **Hormesis** zu tun.

Schon vor hunderten Jahren gab es eine erstaunliche Beobachtung: Arsen ist ein starkes, tödliches Gift. In geringer Dosis aber führt es bei Pferden zu schönerem Fell und gesundem Aussehen – ein Faktum, das sich Betrüger – Rosstäuscher – zunutze machten.

Im letzten Jahrhundert mehrten sich derart paradoxe Beobachtungen:

Radioaktive Strahlen sind schädlich, aber erstaunlicherweise lebte ein Kollektiv von in Kernkraftwerken Beschäftigten länger als der nicht strahlenbelastete Durchschnittsmensch.

Oder: Kinder in der dritten Welt mit Würmern und weniger Hygiene haben weniger Allergien als die keimarm aufgezogenen Kinder des Westens.

Oder: Sekundäre Pflanzeninhaltsstoffe wie Lektine (in Bohnen), eigentlich ein Gift, machten Menschen gesünder (und Hülsenfrüchte sowie Nüsse sind die zwei Lebensmittel, die die Lebenserwartung am meisten erhöhen).

Wie war das möglich? Etwas, das den Körper schädigte und Stress verursachte, machte gesünder?

Das erinnerte an die Worte von Nietzsche:

Was uns nicht umbringt, macht uns stärker.

So wurde **Hormesis** entdeckt.

Hormesis (griech.: „Anregung, Anstoß", engl.: adaptive response) ist die schon von Paracelsus formulierte Hypothese bzw. die Beobachtung, dass geringe Dosen schädlicher oder giftiger Substanzen eine positive Wirkung auf Organismen haben können.

Diese DOSIS-WIRKUNGSBEZIEHUNG bildet sich typischerweise in einer J-Kurve ab; also in der Form eines nach rechts gekippten J's. Der flache links gelegene Schenkel beschreibt die positive hormetische Wirkung, der rechts gelegene Strich des J die toxisch-schädlichen Wirkungsbereiche.

Den „Anstoß" geben (vorübergehend) schädliche Reize in geringer Dosis, sog. Hormetine:

Physikalisch: Strahlung, Hitze, Kälte, körperliche Anstrengung Chemisch-biologisch: Nahrungsentzug, bestimmte Nahrungsinhaltsstoffe, freie Radikale etc.

Damit ist Hormesis das Wirkprinzip, das hinter dem körperlichen Training/Bewegung steht (und unterliegt dem Roux'schen Gesetz). Ist der hormetische Reiz zu stark, schädigt er oder bringt uns um; „die Dosis macht das Gift".

Beispiel: Sauna, Dampfbad, als Überhitzung sind gesund (Erzeugung von „Hitzeschockproteinen"); Hitzschlag nicht mehr. Sport ist gesund, Übertraining/Überlastung nicht. Fasten (klassische Hormesis durch negative Stickstoff-/ Energiebilanz) ist gesund, Hungern bzw. Verhungern nicht. So wirkt auch Alkohol. Er stresst den Körper, aber in geringer Dosis nützt er. Genau wie das Muskeltraining.

Wie wirkt Hormesis: Der Reiz (Hormetin) überschreitet eine bestimmte Schwelle, liegt aber unter der schädigenden Schwelle. Er löst zelluläre Anpassungsreaktionen aus. Die Reaktion ist organismus- und organspezifisch. Sie (die Reaktion) ist länger dauernd, führt zu besserer Funktion (begrenzt) und höherer Belastbarkeit. So wie immer gibt es auch in diesem Kapitel eine Doppelbotschaft:

Wir brauchen Stressmanagement und Stressvermeidung. Wir brauchen aber auch bestimmte Formen von Stress/Belastung (Hormesis).

24 Im Internet finden Sie umfänglichste Listen, geben Sie Ainsworth und MET Values ein …

25 Bassett et al: Pedometer-Measured Physical Activity and Health Behaviors in U.S. Adults; American College of Sports Medicine 2010. 2.522 Personen über 16 Jahre alt.

26 https://www.blitzrechner.de/schritte-meter-umrechnen/

27 Colley et al. Eigentlich Männer 9.564 und Frauen 8.385; den Wert oben habe ich durch Addition und Teilung durch zwei ermittelt.

28 Australian Health Survey: Physical Activity 2011–2012

29 Zahlen von Fitbit 2012 bis 2014: 7.000 Schritte im Winter und 8.000 im Sommer.

30 Vergleiche auch ab5zig, 6/11, Artikel von Dr. Irmgard Bayer

31 https://jogostoponline.net/c/de/1296/L/Dinge-die-man-jeden-Tag-macht-mit-L/

32 Buch „Jung im Kopf"

33 Sein Buch: Richtig leben, länger leben. 5 Dinge, die wir tun können, um gesund zu bleiben. Edition a, 2017

34 C.H. Beck Verlag, 2018

35 So hat Eric Berne die Freud'sche Theorie von Ich – Es –
   Über-Ich umgedeutet, in Erwachsenen-Ich, Kinder-Ich und
   Eltern-Ich. Siehe z. B. das Buch „Spiele für Erwachsene"
36 Sigmund Freud: Die Traumdeutung
37 Entschuldigt bitte meine spanische Rechtschreibung, aber
   ich fand die Tilden nicht. Was sind Tilden? Die „schrägen
   Stricherl'n über den Buchstaben, mit denen uns die spanische und französische Sprache quälen".

DER AUTOR

Johann Missliwetz wurde 1950 in Wien geboren. Nach der Reifeprüfung (Matura 1968) absolvierte er das Studium der Medizin an der Universität Wien und schloss dieses mit der Promotion zum Dr. med. univ. 1975 ab. Von 1975–2014 war er als Arzt an der Gerichtsmedizin/Universität Wien, später Department für gerichtliche Medizin an der MUW (Medizinische Universität Wien) tätig. 1981 wurde er Facharzt für gerichtliche Medizin und 1982 allgemein beeideter und gerichtlich zertifizierter Sachverständiger für gerichtliche Medizin. 1988 Habilitation (Universitätsdozent); 1993 assoziierter (a.o.) Univ. Prof. für gerichtliche Medizin. Von 1997–2003 Ausbildung zum Arzt für Psychotherapie, 2016 Einstellung seiner ärztlichen Tätigkeit. Der Autor ist in zweiter Ehe verheiratet und hat drei Kinder. Sein Werk umfasst bisher etwa 100 wissenschaftliche Publikationen, aber auch neun Buchveröffentlichungen (auch Belletristik).

DER VERLAG

VINDOBONA
VERLAG SEIT 1946

ein Verlag mit Geschichte

Bereits seit 1946 steht der Vindobona Verlag im Dienst seiner Bücher und Autoren. Ursprünglich im Bereich periodisch erscheinender Journale tätig, präsentiert sich der Verlag heute als kompetenter Partner für Neuautoren am deutschen, österreichischen und schweizerischen Buchmarkt. Engagement, Verlässlichkeit und Sachverstand – das sind die Grundpfeiler, auf denen der Verlag seit jeher sicher steht.

Sie möchten mit Ihrem Werk das vielseitige Verlagsprogramm bereichern? Der Vindobona Verlag garantiert Ihnen eine professionelle Prüfung Ihres Manuskriptes durch das Lektorat sowie eine zeitnahe Rückmeldung.

Genauere Informationen zum Verlag finden Sie im Internet unter:

www.vindobonaverlag.com

Zeitfracht Medien GmbH
Ferdinand-Jühlke-Straße 7
99095 Erfurt, Deutschland
produktsicherheit@kolibri360.de